たかのてるこ

サハラ砂漠の王子さま

村の小学校に通う女の子

通りで遊ぶ子どもたち

笑いジワがいい感じのおっちゃん

“モロッコ・ウィスキー”のミントティー

村の仲良し兄妹

市場で活躍するロバ

ミントの葉を売る少年

つぶらな瞳のウシ

フナ広場のハイテンションな兄ちゃんたち

マラケシュのやんちゃボーイ

王女さまのような女の子

お母さんの表情はどこの国も同じ

民族衣装を着た男の子

エキゾチックな顔立ちの女の子

路地裏のガキ大将

ジュラバ姿のおっちゃんは超オシャレ

サハラ砂漠の王子さま

たかのてるこ

幻冬舎文庫

サハラ砂漠の王子さま

はじめに

旅は、格闘技のようなモノなのかもしれません。
旅先では、いろんな人と出会うことになりますが、
こちらの出方次第で、相手のさまざまな性格を引き出し、
向こうの出方によって、自分の思わぬ性格が引き出されてしまうからです。

この旅の道中、予期せぬことばかりが起き、
私は、自分が本当はどういう人間だったのか思い出せなくなるような、
自分がどんどん自分ではなくなっていくような、
そんな不思議な感覚に、何度も何度も襲われました。
それくらい、愛と、スリルと、リビドーと、笑いに満ちた、
数々の事件や出会いは、想像を絶する、とんでもないことの連続だったのです。

たぶん、人には、確固たる性格なんてないのでしょう。

普段とくに意識していませんが、私たちは実にいろいろな顔を持っています。
もちろん、その人をその人たらしめている核の部分はあると思いますが、
親の前だと自然と子どもの顔になるし、
仲良しの友人や恋人にはつい甘えてしまうものです。

相手によって、自分のどんな性格が引き出されるのかが、決まっていくのでしょう。
そして、自分が相手にどう接するかによって、
その人の、自分に対する性格が決まっていく……。
状況や、環境や、出会う人によって、人はいかようにも変わるということを、
私はこの旅を通して、思い知らされることになりました。

では、みなさんもご一緒に、さまよえる国、モロッコへ！

Contents

[本文中の表記について]

＊本文中の地名は、旅行者の間で一般的に使われている発音をもとに表記してあります。

＊通貨レートは1993年当時のものです。

＊本文中の会話部分は、紙数の都合上、実際のやりとりから大幅に省略・整理されています。筆者の英語力が高いと誤解されないようにお願いいたします。

ヨーロッパ編

EUROPE

またしても、旅立つまで

海外へのひとり旅から帰ってくると、私はいつも、自分が外国人にでもなったような気持ちになる。地球上で一番よく知っている国に帰ってきたはずなのに、なんというか、自分がよその国の人間としてこの国を見ているような感覚になるからだ。

大学4年の春、2カ月近いインドへのひとり旅から帰ってきた私は、まさに、異邦人になった気分だった。見慣れていたはずの風景が、私の目にはどこか奇妙に映った。流行のファッションに身を包み、笑い転げている女の子たち。みんながみんなお揃いのスーツを着ているように見える、サラリーマンのおっちゃんら。旅に出る前とおんなじで、たぶん何も変わってはいない。道行く人たちはごくごく自然に、いつも通りの生活をしているにすぎないのだ。

変わったのはまわりではなく、私の方なんだろうか。

そうはいっても、私の顔も体も相変わらず日本人そのものだし、日本語を忘れてしまったワケでもないのだ。なのに、何をしていても、自分だけが周囲から浮いてしまっているような気がした。何を目にしても、まわりの風景がまるでフィルターを通して見ているように遠く感じられた。

私はインドでの日々が恋しくて恋しくて仕方がなかったのだ。今、私はこうして日本にいるけれど、インドのバラナシでは、今日もガンジス河がゆったりと流れていて、人びとが沐《もく》浴《よく》したり、洗濯したり、泳いだりしているんだと思うと無性に切なかった。

ガンジス河に昇る神々しい朝日を眺めていると、自分自身という存在を忘れ、まるで大自然の一部にでもなったように感じられた。全身の毛穴という毛穴が全開になり、鈍っていた五感が再生されていくような快感。私は「自分が今、生きている」ということをリアルに実感していたのだ。

あんなふうに、生きていることを日常でも実感できるように、なんとか自分に合った仕事を見つけなければ！　私が旅からあたふたと帰ってきた一番の理由は、東京で就職活動をしようと思ったからなのだ。

いろいろ考えた結果、就職の的《まと》は、映画会社と出版社に絞ることにした。映画はもともと大好きだったのだが、インドの映画館で観客がテーマソングに合わせて合唱し、みんながひとつになって映画を楽しんでいる姿に感動したことが大きかった。出版社の方は、編集者になれば取材で海外に行くチャンスもありそうだし、旅をライフワークにできるような気がしたからだ。

だが、マスコミの就職試験はすでに始まっていた。インドに長くいたおかげで、私は完全に出遅れてしまっていたのだ。もともと大手マスコミは狭き門だというのに、そこに輪をかけて、バブル崩壊後の不景気ときている。それでもなんでも毎日汗だくになって東京中をかけずりまわり、一日何社も就職説明会をはしごした。だが、どれだけ真面目《まじめ》に気合いを入れて面接試験に挑んでも、ことごとく落とされてしまう。かといって面白い話をしまくり、色モノ路線で攻めてみても、面接官にしてみれば「ハハハ、面白い子だったねぇ、ウチにはいらないけど」となるらしく、私は面接に疲れた彼らの、単なる娯楽で終わってしまうのだ。

履歴書の趣味の欄に〝海外へのひとり旅（インド、東南アジア他）〟と書いているせいで、「インドでどんなことを感じましたか？」と質問されることもあった。だが、私が「日の出と共に起き、日没と共に体を休めるという生活を送っているうちに、太陽の存在が大きくなっていくのを感じ、人間が自然のサイクルに合わせて生きていたのだということを改めて痛感しました！」などと熱く語っても、面接官のおじさんに、さもつまらなそうな顔をされる。24時間眠らない東京では、人間の営みと太陽の活動がシンクロしていないから、そんなことはどうでもいいことなのだ。何を話しても「インドかぶれのヘンなヤツ」という目でしか見てもらえない。自分が宝物のように大切にしている旅での経験も、就職活動ではまったく役に立たなかった。それどころか、旅の話をすると、かえって裏目に出てしまうのだ。

面接で落とされるたびに、自分の人格を全否定されたような気持ちになった。今までは学校の試験でもクラブ活動でも、一生懸命、勉強したり練習したりすれば、ある程度、努力しただけの結果が得られた。なのに就職活動では、どれだけ鏡の前で自己アピールの練習を積んでいっても、面接官との相性が合わなければ、ばっさり落とされてしまうのだ。すべての決定権は向こうにあり、なんの努力も報われない世界だった。猛暑の中、慣れないリクルートスーツを着て走りまわっていることに、私はほとほと疲れ果ててしまった。なんでこんな思いまでして就職活動なんかしなきゃなんないんだ!? こんなの全然まったく意味ないじゃん!!

30社以上の試験に落ちた私は、18歳のころから毎日のようにつけていた日記さえ、書くのをやめてしまった。こんなにも精神的にボロボロになって辛《つら》く苦しい時期のことを、記録しておく気にはなれなかったのだ。

誰にも自分のことなんて分かってもらえないような気がした。自分を認めてくれない世の中のことが、ただただ恨めしかった。今までまわりの人たちには、「たかのは将来、何かやらかす人だね」と言われてきた。その言葉に乗せられたわけではないけれど、私も当然、何かをやらかす気でいたのだ。

なのに、何かやらかすどころか、就職先さえ見つからない！ 自分のことが情けなかった。自分が、特に何か秀でた才能があるワケでもない、フツーの人だったという事実。心の中では、自分は他の人とは違う〝特別な人間〟だと思っていただけに、こんなにも理不尽な就職活動をせざるをえないという現実は、私にとって屈辱ですらあった。


そんな、私にとって史上最悪の夏を迎えていた私のもとに、ある日、一通の分厚い封書が届いた。差出人を見ると、なんと実家の母だった。この間の電話では私の就職の話にロクに耳を貸さず、自分がどれだけ忙しいかという自慢話ばかりしていたクセに、やっぱり私のことが心配だったらしい。

母は50歳をすぎて何を思ったのか、いきなり「腹話術をやるんや！」と宣言し、フツーの主婦から腹話術師へとナゾの転身を遂げてしまった、ちょっと変わったオバハンだ。腹話術は腹話術でも、母は「気の合う相方（人形）とコンビを組んだんや〜」と言い張っており、その、世にも気色の悪いブサイクな人形を〝さくら〟と呼んで、目の中に入れても痛くないほどかわいがっている。こんなキテレツな腹話術コンビにどんな需要が？ と思うのだが、夏はイベントが多い季節だということもあり、大阪を拠点になにかと忙しく活動しているようなのだ。

　私の近況を聞くたびに、母は決まってこう言う。

「そんなに就職グチがないんやったら、私のマネージャーにでもなったらええんや。あんたひとりくらい、路頭に迷わん程度に食わせたるがな」

　耳タコになったそのセリフを聞くたびに、私のはらわたは煮えくり返った。親の世話になんか絶対なりたくなかったし、ましてや親の世話をする仕事なんて、私は死んでもイヤだったのだ。

　だが、そんなおかんもやはり人の親。なんといっても、この非常事態なのだ。きっと「貴方《あなた》の魅力に気づいてくれる会社は、必ず見つかるはずです」とかなんとか、我が子を励まさんとする臭いセリフが書いてあるに違いない。

　封筒を開けてみると、中にはファンシーなフォトアルバムが1冊と、一筆箋《いっぴっせん》が1枚、素っ気なく入っていた。なるほど、これは奥が深い。私の子ども時代から大きくなるまでの成長記録をまとめ、短い決めゼリフに親心を託したというワケか……。久しぶりに親心を感じた私は、ガラにもなく目頭が熱くなってしまった。

　早速、便箋を開くと、いつもの母の悪筆が目に飛び込んできた。

『さくらちゃんの写真がうまく撮れたので送りまーす。　母より』

手紙の趣旨がうまく飲み込めず、頭がクラクラした。

さくらの写真だぁ？　送りまーす、だぁ？　だいたい、なんで語尾を伸ばすんだよ！　さくらの写真がうまく撮れようが撮れまいが、そんなこと知ったこっちゃないっつうの!!　今、こっちがどんな状況か分かってて、こんな嫌がらせしてくるワケ⁉　人生最高にへこんでる時期だっていうのに⁉

そのフォトアルバムをワシ摑《づか》みにし、中をダーッとめくってみる。まさか、さくらの写真だけってことはないだろう。母からの郵便物に、私は何か意味が欲しかった。だが、どのページをめくってみても、見事なまでにさくらがデカデカと写っているのだった。実家の居間でふんぞり返ってくつろいでいる、花柄ワンピース姿のさくら。私の指定席だったソファーに腰掛け、薄気味悪い笑みを浮かべているさくら。盆踊りの営業用に買ってもらったと思われる浴衣《ゆかた》を着て、得意ポーズを決めたさくら。どこもかしこも、さくらのオンパレードではないか！

この期《ご》に及んで、さくらの写真集を自慢げに送りつけてくるおかん。この郵便物に、意味なんかなかった。いや、あるとしたら、それはそのまんま〝さくらちゃんの写真がうまく撮れた〟ということであり、それ以上でもそれ以下でもなかった。私はもう呆《あき》れて口あんぐり状態になってしまい、怒りも何も突き抜けて、なんだか笑いがこみ上げてきた。アホや、お

我がモノ顔の〝さくら〟

かん。アホやー!!

ひとしきりヒーヒー笑ってから、なんだか憑《つ》きモノが落ちたように気分がスッキリしている自分に気がついた。あぁ、やっぱり、笑うのってスゴい！ 考えてみれば、最近私は全然笑っていなかったのだ。心の筋肉がコリ固まっていて、笑うことさえ忘れていたような気がする。こういうとき、ヘンに同情されてもムカツくし、分かったフリをされるのもイヤなものだ。どんな激励のコトバよりも、私が欲していたのは笑いだったんだ。

脳天気なおかんは、ときに私を凍らせ、なんともいえないトホホ気分にした後、思いきり勇気づけてくれる。あまりのボケぶりにツッコミを入れずにはいられなくなって、いつもの私に戻らざるをえなくなるからだ。

なんだか元気が出てきた私は、とりあえず、やれるだけのことはやってみようという気になってきた。どこまでもマイペースで、あくまで自分のスタイルを貫き通すおかんのアホアホぶりに、ウジウジ悩んでいるのがアホらしくなってしまったのだ。

それまでの私は、就職試験を〝企業〟対〝個人〟の公的なお見合いのように感じていた。向こうは向こうで「ウチはこんなにイイ会社です」と説明し、こちらはこちらで「コレコレこういう人間なんですが、こんな私でよかったら……」とアピールする。気に入られたいものだから先方の好みを探り、つい相手のウケをねらった受け答えをしてしまう。まさに自分がない、カメレオン状態。私はまるで、付き合う男が変わるたびに服装の趣味が変わってしまう女のようになってしまっていた。

でも、いくら取り繕って気に入ってもらったところで、ありのままの自分を受け入れてくれる会社でなければ、入ってからがキツいんじゃないか？　所詮《しょせん》、お見合いだって相性を確かめるモノなんだから、カッコつけずに、普段通りの自分で勝負すればいい、そう思えてきたのだ。

開き直ったおかげで、私はだんだん自分のペースで面接の受け答えができるようになってきた。

中でも一番、面接が盛り上がったのは、映画会社の東映だった。それまでの面接では、たとえば趣味の話になり、「今までにどんな旅を？」と聞かれて、「ハイ、この春インドを旅して、ガンジス河でバタフライしてきましたっ！」などと答えると、どこの会社でも一斉にヒュ〜ッと引かれてしまったものだ。採用人数の少ないご時世で、そんな変わった人間、どこも欲しくはなかったんだろう。なのに東映だけは、「へェ〜、それで？　それで？」と旅の話に興味を持ち、面白がってくれたのだ。

銀座にある東映本社での3回にわたる面接試験は、面白いくらいトントン拍子に進んだ。特に気負うこともなく、卑屈になることもなく、ありのままの自分をさらけ出すことができたし、そんな私をどういうワケか向こうも気に入ってくれたようだった。

こんな変わり者を受け入れてくれるようなフランクな会社なら、入社してからも楽しくやっていけそうな気がして、私はますます東映という会社に入りたくなってきた。この世にはいないんじゃないかと思っていた運命の相手に、ようやく巡り会えたような気分だった。

そして8月も終わろうというころ、私はついに、念願だった東映の内定をもらうことができたのだ。

内定が決まった連絡を受けた私は、思わず外に飛び出してしまい、喜びのあまりアパートのまわりをスキップしながら走りまわってしまった。（ヤッター！　ヤッタぞー‼）心の中で、何度もそう叫んだ。全然知らない人に声をかけまくって、「私、就職先が決まったんです！」と言ってまわりたいくらいの気分だった。しかも大人の街って感じの銀座で働けるだなんて！　神様に「このまま東京にいてもいいよ」と言ってもらえたような気がして、心の底から喜びが湧《わ》き上がってくる。ついに、「私のことが欲しい」と言ってくれた会社があったんだ！

就職が決まるのと同時に、奥手な私にもようやくちゃんとした恋人ができ、すべてがうまくいきだした。もともと男友だちだった彼は、私と同じでひとり旅が好きだということもあり、話をいくらしても尽きることがないくらい気が合った。

自分でも信じられないほど、何もかもが恐ろしく順調だった。こうなると、頭に浮かぶことといえば、卒業旅行をどうしようかということばかり。就職が決まったことは本当に嬉《うれ》しかった。組織に属している限り、私はお金にも困らず、このまま東京で暮らしていくことができる。でもそれは、生活の安定と引き替えに、大好きな旅がそう簡単にはできなくなる環境を選んだということでもあったのだ。

これが長旅をする最後のチャンスかもしれないと思うと、私はもう居ても立ってもいられない気分になった。なのに、卒論が思うように進まず、そのせいでバイトを増やすことができない私は、旅に出るお金すらないときてる。もはや絶体絶命だった。ん？　待てよ。いい手がある！　お金を浮かすことができる、たったひとつの方法が!!

4月から私は、埼玉にある会社の借り上げのアパートに住まわせてもらうことになっていたのだが、その寮の家賃が1カ月、たったの2000円だということを思い出したのだ。いま住んでいるアパートの家賃はひと月、5万8000円。3カ月分の家賃は、17万4000円。つまり、3カ月早く寮に入らせてもらうことさえできれば、合計16万8000円も家賃を浮かすことができるという計算だ。

私は早速、銀座の東映本社に向かい、厚生課に直談判《じかだんぱん》してみることにした。厚生部長を前に、おそるおそる切り出してみる。

「本日は寮のことでご相談にあがったんですが、実は少々早めに入らせて頂けないかと思いまして……」

「そちらの都合もあるだろうから、3月に入ればいつでも構わないですよ」

突然の申し出にもかかわらず、厚生部長は優しく応対してくださった。だが、3月では遅すぎる。私は緊張で顔をガチガチに強張《こわば》らせながらも、勇気を振り絞ってみることにした。どうせダメもとなんだし、ダメでもまさかお願い事をしたくらいで内定が取り消しになることはないだろうと思ったのだ。

「そのぅー、実はですね、1月ごろからお願いしたいんですが……」

私のコトバに、部長はあからさまに怪訝《けげん》な顔つきになった。

「えぇ？　1月ぅ⁉　いや、だって、君は1月の時点じゃまだ学生なんだし、社員でもない人が寮に住むっていうのはちょっと……」

当然のリアクションだった。部長の言っていることが100パーセント正しい。だが、私はひるまなかった。こういうとき、私はガ然、全身にパワーが満ち満ちてくる。ここでオーケーしてもらわないことには、私の卒業旅行がパーになってしまうのだ。相手に考えるスキを与えてはマズい。私は押して押して押しまくった。

「いや、住むんじゃないんです！　住むなんてことは一切致しません！　実は、1月から長い旅行に出る予定なんですが、荷物の方だけ早めに預かって頂きたいだけなんです。どうか荷物を！　せめて荷物だけでも！」

同じフロアーで働いている人たちは、唾《つば》を飛ばしながら「荷物を！　荷物が！」と必死の形相で訴えている私を見て、呆気《あっけ》にとられていた。だが、何をどう言ってもあきらめそうもない私に観念したのか、部長は渋々ながらもオーケーしてくださったのだ。


お金も揃い、どうにか卒論も書き終えた私は、さて、どこに行こうかと考えた。インドでヒンドゥー教に触れて宗教というものに興味を持った私は、どこかイスラム圏の国に行ってみたいと思っていた。そのときふと、モロッコがいいんじゃないか？　と思いついた。映画『シェルタリング・スカイ』を見て以来、私はずっとモロッコという国に惹《ひ》かれていたのだ。この映画は、ある夫婦が、確かなものは何かを求めてモロッコを旅しているうちに、いつしか砂漠の果てしなさに飲み込まれ、時間や場所の観念をなくして、あてどない漂泊の旅を続けることになるという、なんとも切ない話だった。坂本龍一のテーマソングがどこまでも切なく胸に響いて、見ているこちらまで永遠に砂漠をさまよっているような気分になった。

考えれば考えるほど、今の私には、モロッコ行きが最適のような気がしてくる。自ら望んだこととはいえ、いったん就職してしまうと、小さくまとまってしまうかもしれないという恐れが私にはあった。そうなってしまう前に、私は何者でもない自分を感じながら、砂漠の国をさまよってみたかったのだ。

でも待てよ。学生時代、最後の旅だということを考えると、ヨーロッパにこそ行っておくべきなんじゃないか？　いやいや、せっかく北アフリカにまで行くんだったら、アフリカ大陸だってゆっくりまわってみたい気もする。考えだすともうキリがなかった。ハッキリ言って世界中、行きたいところだらけなのだ。

旅行代理店でさんざん悩んだ結果、欲張りな私は、もう全部行ってしまうことにした。なんせ、時間だけはたっぷりある。東京とパリの往復チケットを買って、まずはパリへ飛ぶ。それからスペインに南下し、ポルトガルをうろついてから、船で北アフリカのモロッコへ。アルジェリアに足を延ばしてサハラ砂漠を越え、マリ、セネガルに入る。で、帰りはセネガルからパリまで飛行機で戻れば、2カ月で難《なん》なくまわれる範囲だ。陸続きの旅は、旅費の中で一番高くつく飛行機代が安く済むところも気に入った。

思いきってパリ行きのチケットを購入した途端、心臓がバクバクしだした。初めてのひとり旅ではないにしろ、行くところは初めてづくしで、初めての砂漠越えなのだ。私は友人たちに北アフリカ行きを報告しまくり、なんとか気持ちを落ち着けようとするのに必死だった。

出発も間近に迫り、緊張もマックスになろうかというとき、友人のちんから小包が送られてきた。旅立つ友人への餞別《せんべつ》かぁ、なんて粋《いき》な計らいなんだろうと思いつつ封を開けてみると、中には〝魔法のストロー〟なるグッズと、文庫本が1冊入っていた。魔法のストローの取扱説明書には、「このストローを使うと、どんな汚い水でも飲めるようになります」と書いてある。世の中に、こんなに便利なグッズが存在していたとは！　特に手紙は入っていなかったけど、ちんが「これで砂漠を乗りきれ！」と言ってくれているような気がして、ヤツの荒っぽい優しさが嬉しかった。

で、本の方は……。なにか参考になるような本を送ってくれたのに違いないと思った私は、早速、本を手に取り、カバーを取ってみた。すると、本のタイトルはなんと『サハラに死す』。裏表紙の解説には、こんな文句が書かれていた。

〝サハラに魅せられ、ラクダによるサハラ砂漠単独横断を実行した22歳の青年が、サハラに死すまでの壮絶な旅の記録〟

参考も何も、この人サハラで死んじゃってんじゃん‼　砂漠で行き倒れた人の話を、どう参考にしろっていうんだよっ。そりゃ同い年かもしんないけど、なんかそれってよけい縁起悪くないか⁉

そんな恐ろしい本、私はとてもじゃないけど読む気にはなれなかった。容赦なく襲いかかってくる、死への恐怖。息をするのが苦しいくらい、胸の鼓動がドックン、ドックンと音を立て始めていた。旅立つことが決まると、いつも必ず死を意識することになる。そのたびに私は、自分がこんなにも生に執着している人間だったことを思い知らされるのだ。

おとなしく家で映画の勉強でもしてりゃあいいのに、なんでまたアフリカくんだりまで行こうだなんて思ったんだろう。恐ろしさのあまり、現実から逃げ出したくなってくる。でも、今旅立たなければ、一生後悔することになることだけは分かっていた。

就職してしまう前に、私はなんとしても、旅を愛する想いを胸に深く刻みつけておきたかったのだ。たぶんサハラで死んだ青年も私と同じで、旅立たなければ一生後悔すると思ったんじゃないだろうか。いつだって人間が後悔するのは、自分がしなかったことに対してだけなのだ。

うまくいくかどうか不安でたまらなかったけれど、旅に出ておかなければ！　という切羽詰まった気持ちの方がはるかに上回った。

大丈夫、私はきっと帰ってこれる。いや、何がなんでも帰ってくるんだ。4月から映画の仕事をするためにも！

ホールドアップ・ド・パリ

朝10時に発《た》ったアエロフロート航空の飛行機が、モスクワを経由してパリに着いたのは夜の11時すぎだった。

飛行機から降り立った途端、私はあまりにも整然としていて、モダンなセンスに満ち満ちた空港の様子に、思わず目を見張ってしまった。名前からして、シャルル・ド・ゴール空港なんてしゃれたネーミングなのだ。私は自分が場違いなところに来てしまったようで気後れしてしまった。

考えてみれば機内でも、私は自分だけが浮いているように感じていた。パリ行きの旅行者の服装はどことなくアカ抜けていたし、みんなリラックスした様子で、気持ちにゆとりがあるように見えた。私はとりあえずパリに向かっているとはいえ、最終的な目的地はあくまでアフリカ。服もどうせ汚れるだろうと思って、色落ちするまではき倒したジーンズに着古したトレーナーという姿で、いかにも貧乏旅行者風の出《い》で立ちだ。

この旅が、もともとパリですごすと決めたバカンスであれば、私の気持ちも服装もそれなりに違っていただろう。パリを舞台にした映画『勝手にしやがれ』なんて何度見たか分からないし、私だってパリに憧れがなかったワケではないのだ。だが今の私には、パリのことを考える余裕などなかった。ひとり、サハラ越えを覚悟した決死の面もちで、顔面蒼白状態。もう砂漠とラクダのことで頭がいっぱいで、(ちゃんと生きて帰ってこれるだろうか……)などということばかりを考えて、息をするのがやっとという感じだった。

夜も更《ふ》けていることもあって、空港の中は閑散としていた。ときおり背と鼻が異様に高い人たちが、何を言っているのかさっぱり分からないフランス語を話しながら、私の横をツカツカと通りすぎていく。どの人も、リュックを背負った必死の形相の私には目もくれず、無関心そのものという感じだった。あぁ、ここは東京と同じで大都会なんだ……。それにしても、これからどうしよう。行けばなんとかなるだろうと思って、私はホテルの予約すらしていなかった。

とりあえずツーリスト・インフォメーションへと向かい、今夜の宿を確保することにした。小さなインフォメーションのカウンターには、親切そうなおじさんがちゃんといたのでホッとした。考えてみればここは都会なんだから、ホテルなんて腐るほどあるに決まっているのだ。

「すいません、今夜の宿を探しているんですが、どこか安いところはありますか？」

私が愛想よくおじさんに尋ねると、彼は申し訳なさそうに首を横に振った。

「安い宿はないねぇ。ここで紹介しているのは、だいたい600フラン（約1万円）以上のホテルなんだよ」

そんな大金、出せるワケがない。そもそも私は1日2000円くらいの計算で2カ月間、旅しようと考えていたのだ。初日からそんなところに泊まっていたら、モロッコにたどり着く前にお金が底をついてしまうではないか。

「寝られさえすれば、どんなところでもいいんです！　どうか安い宿を探してください!!」

おじさんは困り果てた顔をしつつも、電話帳で安そうなホテルを探して、電話をかけまくってくれた。だが、あいにくどこのホテルも満室らしく、首を振るばかり。次第に私は、世界中の憧れの街であるパリに着いた途端、「プリーズ、チープ・ホテル！」と叫んでいる自分が情けなくなってきた。だいたい夜遅い便で着くことは分かってたんだから、初日の宿ぐらい確保しておくべきだったのだ。

安宿探しをあきらめた私はおじさんに礼を言い、あてもなくフラフラと歩きだした。長いフライトで疲れていたし、どこでもいいから早く横になりたかった。今日のところは空港のロビーで休むことにしよう。それにしても、こんなに物価のバカ高い街はさっさと通りすぎてしまわねば！

着いた早々そんなことを思いながら、今夜の寝場所を求めてさまよっていたそのとき、私と同じ年ごろの、日本人らしい女の子がいるのを発見した。すらりとしていて、とても感じのいい人だ。ひとりで歩いているところをみると、私と同じひとり旅に違いない。私は神にすがりつくような気持ちで彼女に声をかけた。

「すいません！　あの、まだ宿が決まってなかったら、一緒にどうかと思ったんですが」

突然声をかけられた彼女はちょっと驚いた顔になり、それから即、「ホテルは決まってるんで」と答えた。だが、あからさまにガッカリした私を見て、このまま見捨てるのもかわいそうだと思ったのか、彼女はこう言ってくれたのだ。

「日本から予約したときシングルが空いてなくて、シングル料金でツインの部屋に泊まれることになってるんです。ホテルがないんなら、私のホテルに来て泊まっちゃえばどうですか？」

なんという有り難い申し出！　しかし、それではあまりにも申し訳ないような気がした。それに私が泊まったことがホテルにバレたら、ツインの料金を請求されるかもしれないではないか。だが、心配する私をよそに、彼女は優しく微笑《ほほえ》んで言った。

「そうなっちゃったら、そのときのことだし。まぁ、大丈夫なんじゃないかな」

捨てる神あれば拾う神あり、とは、まさにこのことだ！　私は彼女の好意に甘えて、とりあえずホテルまで同行させてもらうことにした。

空港を出て、タクシーに乗り込む。彼女がドライバーのおじさんにホテルの地図を渡して「プリーズ、ディス・ホテル」と言うと、おじさんは短く「ウィッ」と言って車を発進させた。「フランス人は自分たちの言葉に誇りがあるから、英語で話しかけてもフランス語で返してくる」なんて聞いたことはあったけど、ホントだったんだなぁ。私はもうその返しを聞いただけでウキウキしてきた。人がナマで「ウィ」なんて言うのを、生まれて初めて聞いたからだ。

タクシーのガラス窓には、夜のパリが映し出されていた。街灯の明かりが、歴史の重みを感じさせる巨大な建物を淡く照らし出している。なにもかもがデーンとしていて、「これでもか！」と言わんばかりに威厳があった。私たちは「うわ〜、これがパリなんだね！」などと言い合いながら、初めて見るパリの美しい街並みに目を輝かせていた。

なんてこじゃれていて、なんて素敵な街なんだろう！　パリは、今まで私が知っていたどんな街とも違っていた。これまで旅してきたのはアジア方面だったし、ヨーロッパに来たこと自体、初めてだったせいもあるだろう。とにかく、日本みたいにいろんな形の建物がごちゃごちゃとひしめき合っているのではなく、街全体の景観が〝パリらしさ〟でビシーッと統一されているのだ。看板から街灯から信号に至るまで、すべてのモノがここはパリなんだとアピールしているように思えた。

圧倒されたのは、街の外観だけではなかった。歩いている人がみな、まるでファッション雑誌から抜け出てきたような感じの人ばかりなのだ。大人はシックな装いでバッチリ決まっているし、若い人はカジュアルな普段着をイイ感じに着崩していて、それがめちゃくちゃサマになっている。フランス映画といえばラブ・ストーリーっていうイメージがあるけど、そりゃこれだけオシャレな街に住んでるんだもん、恋もしたくなるっちゅうになぁ！　などと思っては、見るモノすべてをツッコミまくってしまう。

同乗の彼女に「どうしてパリに来たの？」と尋ねると、パリで美術館めぐりをするのが長年の夢だったのだという。聞くと、彼女は私と同い年で、美術大に通っている学生だというではないか。

私は芸術と名のつく学校でも、アートな世界とは縁遠い放送学科だったのだが、彼女は美術学科で絵を専攻しているということだった。そう言われてみると彼女には、芸術系の人が持っている、独特の雰囲気があった。決して押しが強いタイプではないが、芯のところで確固とした自分の核を持っているような感じ、とでも言おうか。ベージュのざっくり編みのセーターを着た彼女は、長い髪をゆるいおさげにまとめ、耳には大きな金の輪っかのピアスをしていた。一見シンプルな恰好《かっこう》なんだけど、センスの良さが感じられて、そのどれもが彼女によく似合っている。タクシーから見えるパリの風景に、彼女はなんの違和感もなく溶け込んでいるように見えた。

　彼女の予約したホテルは、パリの中心から近いところにあった。私が今までに泊まったこともない、大きくて立派なホテルだった。一緒に泊まることがバレたらどうしようと思うと、胸がドキドキしてくる。

　彼女がフロントでチェックインしている間、とりあえず私は柱の陰に隠れて様子を見ることにした。ホテルマンはきっちりしたスーツ姿で対応していて、いかにも格式の高いホテルという感じだ。彼女がカギを受け取り、ホテルマンが奥に行った隙《すき》に合図を送ってくれたので、這《は》うようにしてフロントのカウンターの前を通り抜ける。それから広いロビーを猛ダッシュし、彼女が開けて待っていてくれたエレベーターに飛び乗った。

　ハァハァ息を切らせている私に、彼女が茶目っ気たっぷりに言う。

「誰も気づいてなさそうだったね！」

「なんかスリル満点で、スパイ映画の主人公にでもなった気分だったよ」

私たちは顔を見合わせ、思わず笑ってしまった。やっぱりホテルの予約なんかしてこないで正解だったなぁと思う。些細《ささい》な出来事かもしれないけど、私にとっては冒険の始まりのように思えてきたのだ。

ホテルの部屋は広々としていて、大きなダブルベッドがデーンと置いてあった。

私たちはベッドに入り、横になりながらいろんな話をした。私は就職活動で30社以上の会社に落ち、ようやく映画会社に入ることが決まったこと。それで、学生生活最後にひとり旅をしようと思ってやってきたこと。彼女は、就職はせず、卒業後も絵の勉強をすることに決めたこと。今回の旅ではとにかく絵を見まくって、これからの創作活動の糧《かて》にしようと思っていること……。世の中にはいろんな人がいて、いろんな道があるなぁとつくづく思う。同じ時代を生きていても、興味の方向次第で、彼女と私とでは進む道がこうも違うのだ。

そのうち隣の方から、彼女のおだやかな寝息が聞こえ始めた。私は高くて真っ白な天井をぼんやりと眺めながら、まだ胸がドキドキしていた。このふかふかの柔らかいベッドと空港の冷たいコンクリートの上とでは天と地の差だったなぁと考え始めると、なんだか興奮してしまってすぐには寝つけなかったのだ。

あぁ、待ちに待った旅が始まっているんだ！　知らない女の子と出会って、こんなことになったりすることもあるから、行き当たりばったりの旅はやめられない。この先、いったいどんなことがあるんだろう。そのことを想像しただけで、不安と期待がごった混ぜになり、胸がはち切れそうになる。

就職が内定してからというもの、私は、決まったレールの上に乗っかってしまった以上、その上を一生走り続けるしかないような気がしていた。〝社会〟というものがどういうものなのか、今はまだ見当もつかない。それでも、いったん社会という大きな枠組みに取り込まれると、自分という人間が小さくまとまってしまうんじゃないだろうか、という漠然とした不安を抱いていたのだ。だからこそ私はよけいに、こういう想像もしなかった出会いが嬉しかった。就職してからも、こんなふうに自由を感じて、子どもみたいにはしゃいでいる自分を忘れたくない。いや、絶対忘れるもんか！　さまざまな思いがよぎっては、泡のように消えた。そのうち私もうつらうつらし始めて、だんだん意識が遠ざかっていった。

翌朝、私たちは一緒にルーブル美術館まで行くことになった。パリを見てまわるのはアフリカから帰ってきた後にするつもりだったのだが、せっかく彼女と一緒なんだし、先に芸術に触れておくのもいいかなと思ったのだ。

地下鉄を乗り継ぎ、ルーブルへと向かう。地下鉄のホームは薄暗く、機能的で素っ気ない造りだった。地下鉄に乗っている人たちも、その凹凸のある顔立ちのせいなのか、しかめっ面《つら》の人が多い。

　乗客の中には、車内の座席でフランスパンのサンドイッチにガブついている若い女の人もいた。彼女は少々冷たい感じがする美人で、これが同じ人間なのかと思うくらい、顔の彫りが深かった。えらく不機嫌そうな顔でサンドイッチをぱくついている彼女を見ていると、

(そんなにマズいんなら無理して食べなくても……)と思ってしまうほどだった。

　つい気になって、その食いっぷりをチラチラ見ているうちに、彼女とバッチリ目が合ってしまった。すると、彼女はものスゴく怖い顔で「チッ」と舌打ちし、その大きな目で私をキッと睨《にら》みつけてきたのだ。彼女の目は明らかに「何ジロジロ見てんのよ!」と言っていた。私は今まで、知らない人にこれほど敵意をむき出しにして睨まれたことがなかったので、まるでギリシャ神話に出てくるメドゥーサに石像にされてしまったかのようにコチコチに固まってしまった。

(何もそんなに怒んなくても……。だいたいそっちが見られるようなことをしてるからじゃん!)

　心の中でいろいろ言い返してみるのだが、私はなんだかブルーな気分になってきて、シュンとしてしまった。被害妄想かもしれないけど、西洋人の東洋人に対する差別意識を垣間見《かいま》

たような気がしたからだ。

パリに来て驚いたのは、それだけではなかった。日本人がやたらと多いのだ。旅行者だけではなく、こちらに住んでいる感じの人もずいぶんいる。たとえば地下鉄に乗ると、一車両にひとりは日本人がいると言っても大げさではないくらいなのだが、前回のインドの旅のように「どうも〜」などと気軽に声をかけ合うということがない。そのうえパリに暮らしている日本人は、旅行者である日本人に対してよそよそしい人が多く、なんだか避けられているような気もした。都会なんだから当たり前といえば当たり前のことなんだけど、なんというか、彼ら自身も日本人だというのに「またパリに日本人が増えたのか」という冷ややかな眼《まな》差《ざ》しを感じてしまうのだ。

ルーブル美術館は世界に名高いだけあって、とてつもなくデカく、宮殿そのものという感じの建物だった。そのメイン・エントランスというのがまた大層で、デーンとそびえ立った巨大なガラス張りのピラミッドになっていた。ピラミッドの入り口から緩やかな弧を描くらせん階段を下ると、そこがそのまま美術館のホールになっているという凝りに凝った演出だ。まったくどこまでシャレてれば気が済むんだ、などと思いながらも、私はもうパリのやること為《な》すことに感心しまくりだった。

美術館の中に入ってみると、天井は異様に高く、ひとつひとつの展示室が広々としていることに驚かされた。空間の使い方もケチケチしていなくて、作品ごとにゆとりがある。それにしても、どこもかしこも人、人、人で、いろんな国からの観光客でえらいにぎわいだ。

初めのうちは私も絵画鑑賞という行為そのものが新鮮で、「へェ〜」といちいち感心しながら見ていたのだが、そのうち館内のあまりの広さとコレクションの多さに、頭がクラクラしてきた。確かに『モナ・リザ』なんかを見ると、つい引き込まれて見入ってしまうのだが、写実的な宗教画が続くともうダメだった。私には、キリスト教という宗教的なバックグラウンドがないから、絵の中に嘆き悲しんでいる人がいたり、はたまた天使が空を飛んでいたりしても、なんのことだかサッパリ分からないのだ。

だが、一緒にいる彼女は目を皿のようにして、一枚一枚の絵にグッと見入っている。話しかけるのもためらわれるような、ものスゴい集中力だ。本当は、「ねぇねぇ、この絵のどこがスゴいのかな？」なんてことを聞いてみたかったのだが、真剣な芸術鑑賞の邪魔をしてはイカンと思ったので、黙って彼女の歩調に合わせることにした。

平日ということもあって、館内の至るところに学校の課外授業らしい集団がいた。その年代もさまざまで、小学校の低学年らしき小さな子どもたちのグループもいれば、中学生か高校生と思われるティーンのグループもいる。生徒たちはみな、作品の前の空間を陣取って床に座り込み、引率の先生らしき人から作品の説明を受けている。彼らはおとなしく先生の話に耳を傾け、一心に作品の模写をしていた。そんなふうに課外授業が行われている場所では、観光客らはグループの後ろを通って、離れた場所から作品を鑑賞することになる。つまりこの美術館、というかフランスでは、芸術鑑賞に関して観光客よりも自国の教育を優先させているのだ。私も小学生のとき、遠足で写生をしたことはあったけど、対象はいつも花とか山とかサルとかで、美術館で有名な作品の模写をした経験なんて一度もなかった。ちぇっ、まったく教育内容までオシャレだよなぁ。フランス人はこんなふうに小さいころから絵に親しんでいるせいで、芸術的なセンスが磨かれるのかもしれない。

だが、よくよく観察してみると、おとなしく模写している子どもたちの中でも、絵に対する興味に差があるらしいということが分かってきた。熱心に絵に見入り、時間を忘れてスケッチをしているような子もいれば、どうも落ち着きがなく、明らかに退屈そうな子もいる。中には、他の子がどんなふうに描いているのかが気になって、人の絵をのぞき込んでばかりいる子もいた。絵の鑑賞の仕方も、描いている絵も、それぞれの個性で千差万別なのだ。

そんな光景を見ていると、自分の子どものころのことを思い出さずにはいられなかった。小学生のとき、私のクラスにも絵を描くのがとても上手な女の子がいた。図工の時間になるとみんなでその子のまわりを囲み、「ほんまに上手やな～」などと口々に言って、彼女の絵をほめちぎったものだ。そんなとき、普段は目立たない存在だったその子は、照れ臭そうにしながらも、本当に嬉しそうな顔になった。勉強が大嫌いだったガキ大将の山田くんはスポーツが万能で、体育の時間になると急に張りきりだしたし、歌はオンチでも笛を吹かせると天下一品の男の子もいた。

みんな、それぞれどんな大人になったんだろう。私はといえば、昔からなんにも変わっていないような気がする。絵を描くにしてもスポーツをするにしても、そこそこにできる子どもだったけど、特に何かに秀でているということがなかった。もしかすると、なんでもそこそこにできたものだから、「〝コレだけは誰にも負けない〟ジャンルが欲しい！」というハングリーな気持ちが起きなかったのかもしれない。

そんなことを考えていると、なんだか自分がものすごく中途半端な人間に思えてきた。何よりも私は、こんなに有名な美術館に来ているというのに、芸術鑑賞に飽きてしまった自分のことがショックだったのだ。確かに私は、芸術系の大学ではあっても放送学科という芸術にはなりにくいジャンルを専攻している学生だ。でも、自分にはもう少し絵心があると思っていたし、心のどこかで自分もアートの端っこにいるひとりだと自負しているところがあったんだろう。少なくとも〝アート〟という響きに憧れを抱いて芸術系の大学を目指しただけに、ショックは大きかった。

まわりを見渡してみても、本当に絵に興味がある人と、私のようなただの観光客の差は歴然としていた。人の好奇心というものは、どうしてこうも正直に顔に出てしまうものなんだろう。同じ空間で同じことを体験していても、そのことに対する思い入れの違いで、人それぞれの経験というものはまったく違ってくるのだ。

絵を見るのは嫌いではないにしろ、丸一日、美術館の中にいて絵ばかりを眺めているなんて耐えられなかった。人でも動物でも夕日でも、なんでもいい、とにかく私は動いているもの、生きているものを見るのが好きなんだ！

そうと分かれば、移動だ。私は今日のうちにスペインに向かうことにした。ひと晩泊めてくれた彼女は、「同じホテルに1週間泊まる予定だから、何日泊まってもいいんだよ」と言ってくれたが、これ以上彼女の世話になるのは申し訳なかったし、彼女の芸術鑑賞の足手まといになるのも辛《つら》かった。それに私は一日でも早く、モロッコに近づきたい気分でいっぱいだったのだ。私たちは「いい旅をね！」と言ってお互いの旅の幸運を祈り、手を振り合って別れた。

小さな旅行代理店で、ポール・ボウ行きの夜行列車がスペインまで一番安く行く方法だと聞いた私は、早速チケットを購入し、鉄道の駅に向かってセーヌ川沿いを歩くことにした。

セーヌ川の両岸は、まるで恋愛の見本市みたいになっていた。人目もはばからず、ハグしたりチューしてるカップルの多いこと、多いこと。でも悔しいことに、彼らの姿は見ているこっちがつい「いいな～、うらやましいカップルだなぁ」と思うぐらいサマになっていた。日本でもよく終電前の駅の改札なんかでイチャついているカップルを見かけるけど、どういうワケかこちらの方が恥ずかしくなってしまう。なのにパリの恋人たちは、何をしていても全然いやらしく見えなくて、ナチュラルでいい感じなのだ。

何から何までセンスが良くて、道行く人たちもみんなオシャレで、街の落書きまでアートしているように思えた。街の至るところにあるフツーのオープンカフェも、ちっとも気張ってなんかいないのに、ごくごく自然にこじゃれた雰囲気を醸《かも》し出していた。通りを走っている清掃車までハイテクで、まるで未来の乗り物のようなのだ。

私はパリの洗練度の高さに、ホールドアップ状態だった。なんというか、オシャレなことは重々分かったから、もう許して～‼　という感じだ。

それにしても、私はどうしてここまでパリ、というか白人文化に対してコンプレックスを覚えてしまうんだろう。「西欧のモノは素晴らしい」という情報が、子どものころから頭に刷り込まれているせいなんだろうか。

日本には世界中の情報が集まっているとはいえ、やはり西欧カルチャーをカッコイイものとする傾向がある。考えてみれば、オシャレな雑誌のカバーやハイソな感じの広告を飾っているのは、白人のモデルばかりだ。音楽にファッション、映画や食べ物にしても、欧米の影響なしに日本の文化は考えられないと言ってもいい。こうやってパリの洗練された街を歩いていると、なんだか私は自分が彼らより劣っているような気がしてならなかった。そして、そんなふうに思ってしまう自分のことがちょっと情けなかった。


リヨン駅から夜行列車に乗り込み、私は逃げ出すようにパリを後にした。

もう、どれくらい走っただろうか。パリを出てから数時間だというのに、窓の外には緑豊かな田園風景が広がっていた。暗闇の中にポツポツと小さな明かりが灯《とも》っていて、知らない村の知らない人たちの存在が私を切ない気分にさせる。ときおり仕事帰りらしき人たちが、のんびり自転車に乗っていたり、話しながら歩いているのが見える。都会そのものといったパリとは違って、小さな町はおだやかな佇《たたず》まいだ。日本も東京と地方じゃ人の感じも風景も随分違うから、きっとフランスも田舎の方に行くと、雰囲気がまったく違うんだろう。

これから2カ月近く、ひとりで旅をするんだなぁ、とぼんやり思う。パリに着いて早々に日本人の女の子と一緒に行動していたから、この夜行に乗るまでは、ひとり旅だという実感が湧かなかったのだ。

私は1年ぶりに、ひとり旅の解放感を味わっていた。ただ列車に揺られているだけだというのに、どうしてこんなに伸び伸びとした気分になれるんだろう。旅では、自分以外のすべてを、日本に置き去りにしてきているせいなんだろうか。持ち運んでいるのはただ、自分の体とリュックひとつだけだという身軽さが、心をここまでシンプルにするのかもしれない。まだ訪れたことのない未知の国に向かっているというだけで、私の心は満たされているのだ。

ドゥ・ザ・ライト・観光（正しい観光をしろ）

スペインのポール・ボウに着いたのは、朝の9時すぎだった。

今日のうちにバルセロナまで行ってしまおうと思い、バルセロナ行きのホームに向かって歩いていると、大きなリュックを背負った日本人の青年がひとり、こちらの方に歩いてくるのが見えた。どうやら彼も、私と同じ列車に乗っていた旅行者らしい。

お互い、相手に自分と共通するモノを感じたせいなんだろうか、私たちはどちらからともなく「どうも〜」と愛想良く声をかけ合った。

「やっぱりスペインまで安く来ようとして、アレに乗ったんですか？」

私がそう言うと、彼は人のよさそうな笑顔で応《こた》えた。

「ハハハ、そちらもですかぁ。パリから直行のバルセロナ行き、めっちゃ高かったでしょう？」

彼はその口調からして、明らかに関西人だった。私はつい東京にいるときのクセで日本人を見ると東京弁を話してしまうのだが、自分も関西弁モードに頭を切り替えることにした。

私が「関西人ですよね？　実は私も大阪なんですわ」とカミングアウトすると、彼はめちゃくちゃ嬉しそうな顔になった。

「えっ、ほんまに？　大阪どこですか？」と彼がすかさず聞いてくる。

「豊中《とよなか》です」

「えぇ？　ほんまに？　僕も豊中やで！」

「マジで？　中学は？　私は16中」

「16中かぁ。じゃあ自分、緑地《りょくち》の近くに住んでるってこと？」

こんなところまで来て、なんちゅう会話しとんねん！　と思いつつ、ついローカルな話で盛り上がってしまう。大阪大学の学生だという彼はいかにも関西人らしく、「自分」というコトバを連発していた。関西人は「自分」というコトバを、「あなた」と同じ意味合いでよく使うのだ。

「じゃあ自分、高校どこやったん？」と彼が聞いてくる。私は一瞬、自分の高校の名前を言うのをためらってしまった。私の高校は、大阪の公立でも有数の進学校で、関西人の前でその名前を口にすると、勝手に〝ガリ勉〟と決めつけられてしまうからだ。

「えーと、北野高校やねんけど」

誤解せんといて私はアホやったから、と続けるつもりが、彼の大声に遮《さえぎ》られてしまう。

「マジで⁉　僕も北野やで！」

これには私もさすがに驚いた。

「自分、今、年いくつ？」と矢継ぎ早に彼が言う。

「今、21で、もうすぐ22」

「ええ⁉　僕も22やで！　てことは僕ら、同じ学校の同じ学年やん！　むっちゃ偶然やなぁ‼　え、え、自分、いったい何組の誰なん⁉　担任は誰⁉」

そんな、スペインでいきなり「何組の誰⁉」って言われても……。私も相当ビックリしていたが、彼はもっと興奮していた。お互いあまりにも共通点が多すぎて、なんだか笑いが止まらない。しかも、よくよく話してみると、彼は2年と3年のときに同じ組だった〝スギやん〟だったことが判明したのだ。

「えぇ～！　あの、スギやん⁉」

私もつい大声になってしまった。彼も私も高校生のときは分厚い黒縁メガネをかけていたし、髪型や体型もずいぶん変わったと思うけど、たった4年しかたっていないのにお互いクラスメートが分からなかったとは驚きだ。

「スギやん、めっちゃ立派な体格になってるやん！」

帰宅部で、いかにもメガネのガリ勉くんという感じだった彼は、見違えるほどガッシリした体つきになっていた。

「大学でずっとラグビーをやってたんよ。筋肉で10キロは増えたと思うわ。自分かてなんかエラい痩《や》せたし、別人みたいに色白になったなぁ！」

「ハハハ、私、真っ黒やったもんなぁ。今はもう運動なんか全然してへんから、筋肉がおちておちて。私も10キロは減ったかな」

思いもよらない再会に興奮冷めやらぬ私たちは、バルセロナ行きの列車に乗り込んでからもノンストップでしゃべりまくっていた。彼の人のよさそうな雰囲気は、昔と全然変わっていない。でも、高校のころのスギやんは真面目な勉強家だったので、当時はそんなに言葉を交わしたことがなかったのだ。

私はといえば、クラスでも毎回ビリ争いをしているような、典型的な落ちこぼれだった。あのころのことを思い出して、胸の奥がツーンと痛くなる。進学校では、一度脱落してしまうと、先生が何語を話しているのか分からなくなるほど、授業にまったくついていけなくなってしまうのだ。落ちこぼれとはいえ明るく振る舞っていたし、「私は勉強ができないだけで、頭が悪いわけじゃない！」と何度も自分自身に言い聞かせようとした。でも、劣等感は募《つの》るばかりで、私のプライドはもうズタズタだった。ときどき生きているのがイヤになるくらい、自分がどうしようもないクズに思えて仕方がなかった日々……。

あんなに勉強第一だった高校の中で、私と同じように海外をひとり旅するようになった人がいて、しかも、お互いの〝ひとり卒業旅行〟で再会するとは、なんとも不思議な巡り合わせだと思わずにはいられなかった。

スギやんの予定を聞くと、2週間ほどスペインを見てまわってから、アメリカにいる友人を訪ねるとのこと。私はスペインを南下しながらモロッコに行こうと思っていたので、どうせなら一緒にバルセロナを見てまわろうかという話になった。

バルセロナに着いた私たちは、サグラダ・ファミリア聖堂を皮切りにガウディの造った屋敷や公園を見まくってガウディのおとぎの世界を満喫し、翌日、旧市街にあるカテドラル（大聖堂）に行ってみることにした。

裏道を歩くと、細い道の両側には、何百年も前からそこに建っているような立派な屋敷がズラリと並んでいた。薄茶とグレーを混ぜたような色の頑丈そうな石造りで、窓辺にはこぢんまりとした観葉植物や花の植木鉢がさりげなく飾られている。石畳の路地を歩いていると、なんだか中世の時代に迷い込んだような気分になる。

ヨーロッパの国々を旅してまわったことがあるスギやんが言う。

「ひとくちにヨーロッパいうてもお国柄はそれぞれやし、田舎の方なんか行くと最高やで。それに、ヨーロッパってどこの国もそうやけど、街の中にめちゃめちゃ古そうな建物がフツーにあるっていうのがスゴいよな」

「ほんま、ほんま。とくに『何かを見に行こう！』なんて思わんでも、もう街全体が歴史博物館って感じやもんな」

それにしても、どうしてこんなに古い建物がゴロゴロ残っているんだろう。建築の基本が石だから、火事で焼けるということがないんだろうか。京都ならまだしも、東京の街を普通に歩いていて、何百年も前に建てられた建築物に遭遇することはまずない。中世の面影を残す建物が、なんの違和感もなく共存している街。ヨーロッパの歴史を感じさせる独特の雰囲気には、ウームと唸《うな》らずにはいられなかった。

５００年以上も前に建てられたというカテドラルは、旧市街の中心にドーンとそびえ立っていた。中に入ってみると、人がチラホラいるものの、堂内はシーンと静まりかえっている。天井までがやたらと高く、１００メートルはゆうにあるかと思われるほどだ。

正面の祭壇には十字架にかけられたキリストの像があり、そのまわりには羽のついた天使たちの像が、救いの手を差し伸べるかのように寄り添っていた。祭壇を取り囲むようにして、堂の内側は細密なステンドグラスで覆われている。薄暗い堂内は、柔らかな光でところどころライティングされていて、それがより一層、厳《おごそ》かなムードを演出しているような気がする。

幼稚園のころ、近所の日曜学校に行くのが流行《はや》って教会に通ったこともあったけど、こんなに本格的な大聖堂に足を踏み入れたのは初めてだった。今まで天井の低い仏教やヒンドゥー教のお寺しか見たことがなかった私は、キリスト教の聖堂の、そのあまりにも荘厳な雰囲気に圧倒されていた。同じ祈りの場でも、日本のお寺や神社では、こんな気持ちになったことは一度もなかった。

考えてみると、私は自分のことを無宗教だと思っているわりには、20歳をすぎてから、結構いろんなところで祈るようになってきた。昔はそういうことに興味のカケラもなかったのに、今では両親の故郷である京都に行くと、必ず何軒かお寺をハシゴする。願い事があると、すぐ近所の氏神様《うじがみ》にお祈りしに行く。自分のルーツを感じることができるから、墓参りなんて大がつくほど好きなのだ。

日本の神社やお寺は緑が多くてオープンなスペースになっているから、境内《けいだい》に入っただけですがすがしい気持ちになるのがいい。お参りをすると、なんとなく心が洗われたような気持ちになるし、どことなく安らぎを覚えるのだ。

私が普段、神仏に感じている気持ちと、この場所に感じている気持ちとの違いは、いったいなんなんだろう。この、閉ざされていて、天井が異様に高く、だだっ広い空間の中にいるだけで、私は自分がちっぽけな存在であることを思い知らされているような気持ちになる。この大聖堂そのものが、神の存在の大きさを象徴するような造りになっているんだろうか。クリスチャンの人たちの神様に対する思いには、〝畏怖〟に近いものを感じずにはいられなかった。私がお寺や神社で感じるのは、〝おそれ〟というよりは〝癒し〟だ。私は生まれて初めて、〝キリスト教〟というものの根っこに触れたような気がした。

堂内の両側には礼拝堂らしきものが並んでいて、その前には小さなろうそくの炎がいくつも揺れている。祭壇に向かって並んでいる細長いベンチのあちらこちらには、老夫婦や子ども連れのお母さんの姿があった。彼らは神と向き合い、静かに祈りを捧げている。

彼らの真摯《しんし》な姿を見ているうちに、私も人間という存在を超越した神に祈りたい気持ちになってきた。両手を組み、まず、世界の平和を祈った。この神聖な場所で自分のお願いから先にするのは、どうも場違いな気がしたからだ。それから私は、「私が私に生まれたことを存分に生かしきれますように」とお願いした。

ほんの短い時間でも自分と向き合い、神様にお祈りすると、どうしてこうも心がすっきりして、おだやかな気持ちになるんだろう。この聖堂を見てからルーブルに行けば、私はもう少し違った気持ちで宗教画を鑑賞することができたような気がした。

スギやんと出会ってからというもの、バルセロナから夜行列車でコルドバに行ってメスキータ（イスラム教寺院）を見たり、宿までの帰り方が分からなくなって迷子になり、親切なおじさんに助けられてビールをごちそうになったりと、毎日が夢のようにすぎた。

私は、ヨーロッパは雰囲気が味わえればいいや、ぐらいに思って地図も持ってきていなかったのだが、計画性のあるスギやんの頭の中には見どころという見どころが全部入っていた。今までいわゆる名所旧跡にほとんど関心がなかった私には、彼の〝正しい観光旅行〟的スタイルが新鮮だったのだ。

ある日、コルドバの街をぶらついていると、スギやんが突然、「グラナダに行かへんか？」と言いだした。

「え!? なんでまた？」

「だって、明日、自分の誕生日やろ？」

そういえばスギやんと再会したとき、年齢の話から誕生日の話題になったんだっけ。彼が私の誕生日を覚えてくれていたことは嬉しかったが、なぜグラナダに行く必要があるのかサッパリ分からない。だが、スギやんは自信満々に言いきった。

「せっかく誕生日を海外で迎えるんやから、なんか記念になることをせなアカンで。グラナダからシエラ・ネバダ山脈に足を延ばして、日帰りスキーに行こうや！　3400メートルの頂《いただき》からダーッと滑ったら最高やで」

スキー⁉　でも、いったいなぜ？？？　私はスキーが好きだと言った覚えもないし、雪山に対する興味もない。それに、中学・高校と6年間、水泳部でハードな練習をしすぎたせいで、私はもう一生分のスポーツをやってしまったような気がしているのだ。

「スキーに限らず、スポーツと名のつくモノには関わりたくないんやけどなぁ。それに第一、私らスキーウェアもグローブも持ってきてないのに、どうやってスキーするつもりなんよ？」

「手ぶらで大丈夫やって！　スキー場に行けば、スキー用品はレンタルできるんやし、体ひとつあればスキーはできるんやから。自分な、はるばる日本からスペインくんだりまで来て、スキーやらんと帰るなんて、人生で一個ソンするようなもんやで！」

そう言って、スギやんはどれだけヨーロッパのスキー場のスケールがデカく、見晴らしが最高で、そこでやるスキーが気持ちいいかを熱く語りだした。彼の話を聞いていると、その熱意に思わず引き込まれてしまい、その気になってくるから不思議なものだ。

「ウーン、じゃあ、そのシエラなんとかで、メモリアル・スキーをさせてもらうことにするわ」

「一生、思い出に残るバースデーにさせてもらうから、まかしといて！」

スギやんは満面の笑みを浮かべ、体育会系の男の子らしくガッツポーズになった。

スローなスキーにしてくれ

翌朝、シエラ・ネバダ行きのバスに乗って、揺られること1時間。辺りを見渡すと、目の前に広がっていたのは、今までに見たこともない銀世界だった。どこもかしこも真っ白な雪山で、その広さたるやハンパなスケールではない。それにしても、グラナダからたった1時間の距離のところに、こんなに本格的なスキー場があったとは！

スキーのワールドカップが開催されたこともあるというこのソリニエベ・スキー場は、広さが広さなら、人の多さもハンパじゃなかった。入り口からチケット売り場まで、どこもかしこも長蛇の列。まるで、ヨーロッパ中のスキーをやりたくてたまらない人たちが一堂に会したかのような光景だ。なんでもこのスキー場は、ヨーロッパの中で最も南にあることで有名だというから、その筋の人たちにとっては人気のスポットなんだろう。

まわりの人たちはみな、鮮やかなスキーウェアに身を包んでいて、グラサンもバッチリ決まっている。それに比べてスギやんと私はといえば、着の身着のままで、まるっきりの普段着。私たちのように旅の途中でスキーを思い立ち、つい〝ノリ〟でここまで来ちゃいました、という感じの人はひとりもいやしない。

やっぱりどう考えても、普段着でのスキーはヘンだった。私たちは周囲からバリバリに浮きまくっていたのだが、ここまで来てしまった以上、スキーをやらないワケにもいかない。スキー用品一式をレンタルした私たちは、とにかくこのスキー場のデカさを実感するためにも、一番上まで行ってみることにした。

リフトを乗り継いで、頂上を目指す。太陽の光を浴びた雪がキラキラ反射していて、目を開けていられないほどの眩《まぶ》しさだ。しかも、リフトはTバー・タイプと呼ばれる素っ気ない造りのもので、ケツを置く場所が平面の板になっているだけという代物。まるで空中ブランコに乗っているような頼りない感じで、安定感というモノがまるでない。私は必死にバーにしがみつき、乗っている間中ヒヤヒヤしっぱなしだった。

だが、リフトを乗り継いでどれだけ登っていっても、いっこうに山の頂は見えてこなかった。行けども行けども果てがなく、雪山が延々と続いている。いったい何回乗り継げば、山頂とやらに着くんだろう。私たちはスキー板とストックをレンタルしたとはいえ、グローブもなく素手だし、サングラスもかけていないのだ。上に登っていくにつれて、だんだん手が凍えてくるわ、目がチカチカしてくるわで、次第にミジメな気持ちになってくる。

幾度もリフトを乗り換え、やっとのことで山の頂らしき場所に着いた。この先にはリフト乗り場がなかったから、ここが終点のようだ。

見渡す限り、一面の銀世界。四方八方、雪山が延々と連なっていた。まさに絶景！　としか言いようがない見晴らしだ。

スギやんが滑りだし、私もそれに続いて、おそるおそる滑りだした。今までに何度かスキーをしたことはあったけれど、こんなに大層なスキー場で滑った経験はもちろんないのだ。

雄大な風景に圧倒され、初めは及び腰だった私も、自分がズッコケない程度に滑れることが分かってホッとした。スキー場のスケールはデカくても起伏が緩やかで、滑りやすかったのだ。スギやんも私よりちょっとうまい程度のレベルだったので、お互い気を遣わなくてもよさそうだ。

雪の傾斜に身をまかせて滑っていると、だんだん爽快な気分になってくる。おお〜！　確かにここまでスケール感があるところで滑ると、気持ちがいいもんだなぁ。

「めっちゃ気持ちええな！」とスギやんも嬉しそうに言う。

さすがに山頂まで来たおかげで、人の姿はまばらだった。それに加えてゲレンデ自体がバカデカいから、どこを滑っても貸し切り状態なのがいい。

てっぺんでのスキーに味をしめた私たちは、何度もリフトに乗り、同じ場所で滑っては登るを繰り返していた。と、そのとき、同じゲレンデに、ものスゴくスキーのうまい男の人がいるのが目についた。デカいリュックを背負っているというのに、そんな重さを少しも感じさせない見事な滑りっぷり。しかも、私たちと同じくスキーウェアを着ておらず、厚手のフリースにジーンズという普段着の出で立ちなのだ。

　私たちは、颯爽《さつそう》と滑っている彼の姿にクギ付けになってしまった。彼はまるで雪を操るが如《ごと》く、自由自在にスキーを楽しんでいる。同じ普段着とはいえ、コケないように必死こいて滑っている私たちとは格段の差だ。

「あんなふうに滑れたらな〜」と羨望の眼差しで華麗な滑りを眺めていると、そのスキーのうまい兄ちゃんがシャーッ、シャーッとカッコよく滑り降りてきて、リフト乗り場に戻ってきた私たちの手前でシャーッとこれまたカッコよく止まった。ノロノロとしか止まることができない私は、その優雅でシャープな滑りにホレボレしてしまった。

　彼はひとりで滑りに来ている人らしく、フレンドリーな感じで声をかけてきた。

「ハァーイ！　キミたちはどこから来たんだい？」

「日本からです。あなたは？」

「僕はスコットランドからなんだ。友だちと一緒に旅してるんだけど、彼がちょっと体調を崩しちゃってね。ホテルにいるのも退屈だから、スキーをしにやってきたってわけさ」

背が高い兄ちゃんは、サングラスを取ると、なかなかハンサムな人だった。彼の名前はアユガス、27歳。スコットランドでは、舞台の役者をやっているのだという。そう言われてみると、ただでさえ西欧人はアクションが大きめだというのに、彼はさらにその1・5倍増しという感じでアクションが大きく、雪山の中だというのにやたらと声が通る。

「へ～、役者なんですか～。てっきりスキーのプロかと思いましたよ！」とスギやん。その言葉に気を良くしたのか、彼がニコッと笑って言う。

「ま、スキーは子どものころからずっとやってるからね。よかったら、ちょっと教えようか？」

「ホントに⁉ ワーイ、教えて、教えて！」

同じレベルのふたりで滑っていても成長しないと思っていた私たちは、うまい人からアドバイスが得られることになって大喜び。私もスギやんも両足を〝ハ〟の字にする初心者滑りはできるのだが、両足を揃えながら細かいターンで滑る〝パラレル・ターン〟という上級者の技をマスターしてみたかったのだ。

アユガスの指導のもと、スキー・レッスンが始まった。彼はさすが役者なだけあって、身振り手振りで教えるのがうまかった。先に彼が滑って手本を見せ、私たちがそれに続いて滑るという、まさにマンツーマンの個人レッスンだ。

アユガスが私の前方や後方にまわり、手や腰を引っぱりながら、懇切丁寧に教えてくれる。まさに、手取り足取り腰取り状態。誕生日に、こんな雪山で親切でハンサムな兄ちゃんに出会ってスキーを教わることになるなんて、なんだか夢のようだ。

だが、パラレル・ターン体得への道は、想像以上にハードだった。〝ハ〟の字で滑る分には腰が安定するのだが、両足を揃えて滑るとなると、バランスを取るのがどうしても難しくなる。ターンしようとするたびにバランスが崩れ、私はストックを振り回しながらズッコケてしまうのだ。

雪の中に顔を突っ込んだ私に向かって、アユガスが叫ぶ。

「腰だっ、こしぃ～!! もっと腰に力を入れるんだぁー！」

腰にグッと力を入れ、パラレルのポーズをしてみせるアユガス。オーバーアクションで腰をくねらせ、声を張り上げている彼は、最初のマイルドなイメージとは違って、まるで往年の森田健作みたいになってしまっている。そのあまりのハッスルぶりを見て、私は自分が実は大変な人に出会ってしまったんじゃないだろうか……と疑い始めていた。彼は、役者は役者でも、小劇場系の芝居をやっている人ではなく、たぶんシェークスピア系かミュージカル系のギラギラした熱い舞台をやっている人に違いなかった。

全身の雪を振り払い、やっとこさ立ち上がった私に、普通でも声のデカいアユガスが大声

謎のアクター・アユガスと気のいいスギやん

で合図する。

「ヘーイ！　ア〜クショョンッ!!」

アクション!?　そんな、役者でもないのに、アクションって言われても……。

彼のオペラボイスが雪山にこだまし、「アクション、アクション、ショ〜ン、ショ〜ン」と響き渡る。アユガスのアクションのデカさは、この広大な風景に決してひけを取らない堂々たるものだった。このシエラ・ネバダ山脈は、今や完全に彼の舞台と化していた。

滑っている人の数はそんなに多くないとはいえ、私たちは山頂のゲレンデで注目の的になっていた。シーンと静まりかえっているスキー場の中で、アユガスのどデカい声が目立たないワケがないのだ。しかも、私たちはハードな特訓を繰り広げているにもかかわらず、なぜか揃いも揃って普段着ときてる。

横を滑っていく人たちが、「いったい何ごと!?」というような顔で、私たち〝猛レッスン・トリオ〟をいぶかしげに見ては去っていく。私はもうハズカシイやらムズカシイやらで、頭がどうにかなってしまいそうだった。

だが、彼の眼差しは真剣そのもの。なんとかパラレルをマスターさせようとするアユガスの熱血漢ぶりには、凄《すさ》まじいものがあった。

彼は自分が出す大声に酔い、そのうえ、自分の出す声の反響でさらに興奮していっているようだった。こちらとしては、なにもそこまでしてくれなくても……という感じになってきているのだが、彼の情熱は増していく一方なのだ。

休みなく続くハード・レッスンのおかげで、私の息はもうゼーハーしどおしだった。近くには休憩するような場所もなかったし、服が防水加工されているわけでもないから、気軽に腰を下ろすこともできないのだ。手袋なしの手は、寒さのあまりすでに霜焼《しもや》け寸前で、何度も転んだものだからジーンズもビチョビチョ。おまけに濡《ぬ》れたジーンズが固まってきて、動きにくいことといったらない。

私のジーンズがカチカチに凍ろうが、体力の限界で足がワナワナしてこようが、アユガスの声は情け容赦なく飛んできた。彼のオペラボイスがゲレンデに鳴り響き、「カマーン、カマーン、マ〜ン、マ〜ン」とサラウンドでこだましていく。お気楽にスキーをしに来たつもりだったのに、ちょっとアドバイスをもらえればと思っただけだったのに、私たちはいつのまにか、オリンピックでも目指している選手のような特訓を受けるハメになっていた。

それにしても、私はなんでこんな雪山くんだりまで来て、スコットランド人の兄ちゃんに「アクショ〜ン！」とか「カマ〜ン！」とか言われたりしてんだろう？　という疑問がフツフツと湧いてくる。なのに、アユガスに「まだまだ〜！　腰が全然入ってないぞー！」などと挑発されると、つい「なにくそ〜！」とスポ根の血がたぎり、果敢に向かっていってしまう。中学・高校と体育会系に所属していた者として、弱音を吐くのはプライドが許さなかったのだ。

　先に滑って下の方で待っている彼が、両手を天に広げ、声の限りに叫ぶ。

「スキーは、リズムだーっ‼」

　アンタは『リア王』か⁉　それにしても、彼のこの情熱は、いったいどこから来るんだろう？　通りすがりの旅行者に対して、ここまで熱くなれる男がフツーいるだろうか。いや、彼にとって私は、もはや単なる旅行者ではないのかもしれない。私は彼の舞台の中に飲み込まれ、自分がまるでスポ根芝居の登場人物のひとりになってしまっているような気がした。

　滑っては登るを何十回と繰り返し、何度ド派手にブッ転んだことだろう。スギやんはもともと私よりもうまかったので、上達するのも早かった。私もハードなレッスンを数時間ぶっ通しで続けているうちに、なんとか両足を揃えてパラレルに近い形で滑れるようになってきた。

　私たちの技術が向上してきたのを見て、アユガスが満足げに言う。

「ここまでうまくなったんだ。下の方まで、一気に滑ってみようじゃないか！」

「えぇ⁉　いや、まだ長距離を滑るのは早いんじゃ……」と言ってはみるのだが、ヤル気マンマンの彼にあっさり却下されてしまう。

「大丈夫、大丈夫！　僕が一番後ろで滑りながら、ふたりの姿を見守ってるからさ！」

先頭がスギやん、続いて私、最後にアユガスという順番で、私たちは山頂をスタートした。傾斜も緩やかで、なかなか快調な滑りだしだ。重力に身をまかせて風を切り、前へ前へと突き進んでいくこの感じ。くぅーっ、気ん持ちイイ〜！　もしかしてアタシ、今、ちょっとイケてんじゃないか？　パラレルっぽく滑っている自分を肌で感じ、私は得意満面だった。

だが、何度か起伏が激しいところがあり、私は途中からパラレルをする余裕などなくなってきた。気持ちは前を滑っているスギやんに続こうとしているのだが、彼の姿がだんだん遠くなっていく。どうやら私は、思いきりコースを外れて滑っているようなのだ。

ブッ通しで滑っていたせいで、肉体的にも相当疲れていた。方向転換しようにも、体が言うことを聞かない。少しずつ腰が落ちてきて、私はまるで空中イスにでも座っているようなポーズになっていた。腰が落ちると、その反動で、自然と足が前にダーッと飛び出してしまうからたまらない。みるみる加速し、私はもう止まることすらできなくなっていた。どど、どうすりゃいいんだ⁉　もうどうにも止まらない‼

「ギヤァアー――‼　ヘルプ・ミィー‼」

後ろの方から、アユガスの叫ぶ声がする。

「てるこ〜、アーユー・オーケーィッ？」

こんな状態でオーケーなわけがなかった。私は振り向くこともできないぐらいの速さで滑り続けているのだ。どんどん加速がついて、目にも留まらぬスピードでまわりの風景が流れていく。このまま止まることができなかったら、山の切れ目の崖から転落してしまうんじゃないか⁉　そんなことになったら、一巻の終わりだ。

ふと前方に目をやると、どデカい木々が植わっている茂みがデーンと立ちはだかっているのが見えた。高さ数十メートルはあるかと思われる大木との距離がグングン近づいている。ぐあああああ、もうダメだー！　ぶつかるー‼

後ろから必死に追いかけているアユガスが叫ぶ。

「てるこぉ〜！　転ぶんだー！　体を倒せー！　そしたら止まるからー！」

その声を聞いて、私は思いきって重心を大きく右に傾けてみた。と同時に、凄まじい勢いの反動で私は宙に浮き、体ごとブッ飛んでいた。（あぁ私、今、空を飛んでる）とぼんやり思った次の瞬間、ものスゴい勢いで着地し、雪の斜面をゴロゴロと転がり始めた。何がどうなったのかまったく分からず、このまま行くと自分が雪だるまになってしまうような気がした。ていうか、もうすでに雪だるまなんじゃ……と意識が遠くなり始めたころ、緩やかな斜面にさしかかったのか、どうやら体が転がるのは止まったようだった。

私はもう精も根も尽き果て、大の字に寝転がったまま、身動きすることもできなかった。

自分が生きているのか死んでいるのかも分からない。ここはどこ？　私は誰？　という感じで、まさに放心状態。少しずつ体の感覚が戻り始めると同時に、節々がズキズキと痛みだす。痛みを感じて初めて（あぁ、私、生きてるんだ……）と実感することができた。

そこへ、私のスキー板を2本、両手に抱えたアユガスが、シャーッという音と共に現れた。

アユガスはガバッと私を抱き起こし、まるで芝居のクライマックスのように、天を仰いで大声で言う。

「オ〜マイガーッ!!　ジーザス・クライストッ!!　僕の心臓が止まりかけたじゃないかっ！」

死にそうになったのはこっちだっつうの！　それに、いったいそのセリフ、誰に向かって言ってんだよっ！　観客なんかひとりもおらんがなっ！

アユガスにツッコミたいセリフが山ほど浮かぶが、私にはそんな元気もなかった。立ち上がってみると体のあちこちが痛かったが、幸い大きなケガはないようだ。

先で待っていたスギやんと合流し、どうにか気を取り直して、今度は無理をしないように滑り始めた。雄大な景色を見る余裕などなく、みんなとはぐれぬよう、ただただがむしゃらに前へ前へと進む。なんとかこの地獄のレッスンから帰還せねば！　と私は必死だった。

ふもとまで戻ったときには、私はもう立っているのも辛いほど、ヘトヘトに疲れ果てていた。こっちは体が地面に沈んでいくような疲労を感じているというのに、アユガスは疲れた素振りもなく、今まさにスキー場に到着したばかりの人と見まがうほどピンピンしていた。

彼がニコニコ顔で言う。

「いや〜、キミたちと出会えたおかげで、今日は本当に楽しかったよ！」

スギやんは何かを達成したような晴れ晴れとした顔になっていたが、私は正直、スキーはもうこりごりだと思った。確かにアユガスと出会ったおかげでメモリアル・スキーになったことは間違いないけれど、私にとって今日という日はあまりにもハードで、エキサイティングにもほどがあった。だいたいスキーなんて命がけでやるもんじゃないのだ。

アユガスは私たちにスキーを教えるだけ教え、「じゃ、ふたりとも良き旅を！」とだけ言い残すと、颯爽とシャーッ、シャーッと滑りながらどこかへ去ってしまった。

それにしても、彼はいったい何者だったんだろう？　役者だと名乗りつつも、彼は本当はスキーを人に教えたくて教えたくて毎日ウズウズしているボランティア・マンだったんじゃなかろうか。それとも、ヒマを見つけてはスキー場に繰り出し、雪山で発声練習をするのをライフワークにしている野性派ミュージカル・スターだったんだろうか……。

なんにせよ、私は今度こそ本当に、一生分のスポーツをやり尽くしたような気分だった。

さよなら、リア王！　なんだかよく分かんないけど、いい芝居、見せてもらったよ！

素晴らしき哉《かな》、誕生日！

シエラ・ネバダでのスキーを終えて宿に戻ってくると、日はすっかり暮れていた。帰りのバスの中で爆睡しまくったおかげで、体力も回復してきたようだ。私たちは「今夜はうまいもん食うぞ！」と意気込み、夕食を食べに出かけることにした。

夜のグラナダをスギやんと歩きながら、今宵《こよい》のディナーにふさわしいレストランを物色していると、スギやんが足を止めて言った。

「なんにも誕生日プレゼントを用意できんかったから、ケーキをプレゼントさせてもらうわ」

なんと太っ腹な今宵のスギやん！　私はお言葉に甘えて、ケーキを買ってもらうことにした。店内のガラスケースの中には、フルーツが盛りだくさんのモノから、チーズ系、タルト系、チョコレートタイプのモノまで、色とりどりのケーキが並んでいた。店員さんは若くて感じのいい、とてもかわいらしい女の子だった。オススメを聞いてみると、ハズカシがり屋さんらしい彼女は、ちょっともじもじしながらも、ケーキを見まわして一生懸命答えてくれる。

「えーっと、本当にどれもおいしいんだけど……よく出るのはコレとコレかしら。私のお気に入りはコレとコレと、コレかな。あと、新作のコレもとってもおいしいの！」

彼女はそう言って、にっこり微笑んでくれた。私はこんなふうに、自分の店の商品のことが好きでたまらないという感じの人に出会うと、心の中にパァーッと光が差したような、すがすがしい気持ちになる。自分の仕事に誇りを持って働いている人は、見るからにいきいきしているから、こっちまで幸せな気分になってくるのだ。

スペイン人の女の子は、3人にひとりは芸能界デビューできるくらいレベルが高いのだが、目の前の彼女は、笑うとそのままとろけちゃうんじゃないかと思うくらい笑顔が愛らしかった。私は買い物そっちのけで、彼女の写真が撮りたくてウズウズしてきた。ケーキをごちそうしてもらえることになって、いつもよりさらにテンションが上がっていた私は、口をすぼめて投げキッスをしながら彼女に言ってみた。

「オ～！　ユーアー　ベリベリスィート、ライク　ディス・ケーキ！（あなたはこのケーキみたいに、めちゃくちゃスィートだよ～！）」

私のホメ殺し攻撃に、彼女は「そんな、とんでもない」という感じではずかしそうに顔を赤らめた。そのいじらしい性格がまたなんともかわいらしく、「メモリーにしたいから、写真を撮らせてもらってもいい？」と聞くと、彼女は照れながらもオーケーしてくれた。そんなこんなでつい長居をしてしまい、悩みに悩んだ挙げ句、私はスギやんにケーキを6個も買ってもらってしまった。

たまたま道で出会ったグラナダ在住の日本人の兄ちゃんに美味《うま》いレストランを教えてもらった私たちは、その足でオススメ店へと向かった。

着いたレストランは、小さいながらも地元の人気店らしく、すでにほぼ満員のにぎわいだった。私たちは早速、食前酒で乾杯した。

「22歳のお誕生日、おめでとう！」

「いやいや、どうもありがと〜！」

私はスギやんに感謝の気持ちでいっぱいだった。「誕生日なんてひとりでもいいや！」と強がって日本を旅立った私だったが、スギやんと出会わなければ、ひとりレストランの片隅でサンドイッチをほおばっていたかもしれないのだ。誕生日は、自分が生まれたことを喜んでくれる人がいて初めて成り立つものだということを思い知らされる。

腹ペコだった私たちは、メニューの中から気になるものを片っ端からオーダーし、じゃんじゃん食べまくった。スペインの炊き込みご飯、パエリヤに、どデカいチキンの煮込みに、

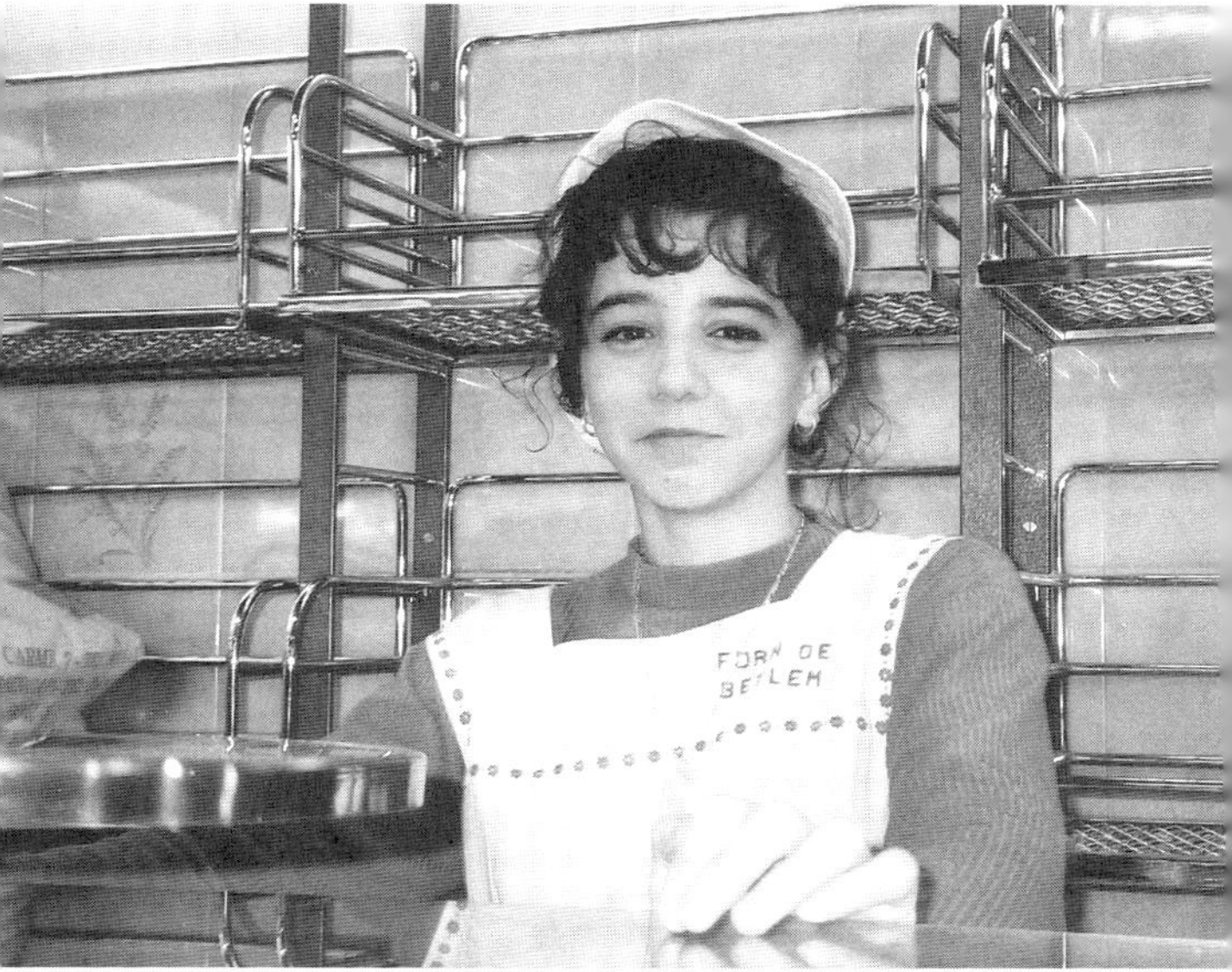

ケーキ屋さんのスィート・ガール

タコやイカの揚げ物、野菜のごった煮、クリームコロッケ、季節のフレッシュサラダ、トマトソースのオムレツなどなど。オススメされた店だけあって、どの料理も文句のつけようのない美味さだ。一日中体を動かしていたこともあり、食べても食べてもお腹がいっぱいにならない。というか、食べれば食べるほど空腹だったことを胃が思い出し、ますますお腹が減っていくような感じだ。次から次へと運ばれてくる料理が、テーブル上にズラリ並んだかと思うと、みるみるなくなっていく。

「うめぇ、うめぇ！」と言い合いながら、ものスゴい勢いで料理をむさぼり食っている私たちを見て、隣のテーブル席のおっちゃんら4人組が、「グーッド？」と陽気に声をかけてくる。

「イェー、スパニッシュ・フード　イズ　ベリベリデリシャス！（スペイン料理は本当に美味いよ〜）」と言ってみるが、おっちゃんたちは英語がほとんど分からないようだった。彼らに限らずスペインでは、観光業の人や若い人をのぞくと、英語を話せる人が思った以上に少ないのだ。

おっちゃんらは身振り手振りで私たちの食いっぷりをマネし、「ホワイ？」というポーズで両手を広げている。私たちの凄まじい食欲を見て興味がかき立てられたのか、「なんでそんなに急いで、そんなに大量に食べてんだ？」と聞いているようなのだ。

私は「トゥデイ、シエラ・ネバダ。スキー！　スキー！」と言いながら腰を振り、スキーの恰好をしてみせた。すると、彼らが口々に「アァ〜、エスキィ！　エスキィ！」と言う。どうやらスペイン語でスキーは「エスキィ」というらしい。おっちゃんらは「オレたちもスキーはうまいんだぞ！」という感じで、得意気にスキーのポーズを披露してみせた。スキー場が近いこともあって、地元の人も結構シエラ・ネバダのスキー場には行っているようだ。

仕事帰りに一杯やっているという雰囲気のおっちゃんらは、お酒が入ってリラックスしているのか、スペイン語が通じないのもお構いなしでもりもり話しかけてくる。私はこんなふうに、フレンドリーな人たちが心を開いてくれているのを肌で感じると、もう居ても立ってもいられない気分になってしまう。言葉が通じないことは分かっていても、体の方が話したくて話したくてウズウズしてくるのだ。

おっちゃんらは体をこちらに向け、イスから身を乗り出してすっかり私のリアクション待ち状態になっている。私は彼らの期待に応えたい一心で、なんとかボディランゲージで今日の出来事を伝えてみることにした。

まずはパラレルで滑る恰好をしてみせた。斜面がなだらかで滑りやすかったことを伝えるべく、鼻歌を歌いながら笑顔でスキーをやっていた姿を再現してみる。おっちゃんらは「スイー、スイー！（ハイ、ハイ）」と頷《うなず》き、スキーを楽しんでいたことを分かってくれたようだ。

次に、事態が急変したことを伝えるべく、手のひらを45度の角度にしてみせた。急斜面にさしかかったことを説明しようと思い、慌《あわ》てふためいて両手を振り回しながら、目をつり上げて口を全開にし、「オウ、ノォォォ〜！ ヘルプ・ミィ〜！」と叫んでみる。両足を固定したまま、フラフープをまわし続けているような恰好で、手をバタバタさせながら「ヒィ〜ッ!!」と声をあげている私は、どう考えても尋常ではなかった。おっちゃんらは固唾《かたず》を呑《の》みながら、私の一挙一動にクギ付けになっている。

顔全体の筋肉をフル稼働させ、顔を引きつらせている私を見て、スピードが出すぎたことが分かったのか、おっちゃんらは腹を抱えてゲラゲラ笑いだした。よ〜し、今だ！ と思った私は床に転倒し、その勢いでブッ飛んだことを伝えるべく、モモンガのように空を飛んだ恰好をしてみせた。

すると、おっちゃんらは好奇心をむき出しにして、「オ〜!! ホントか!?」「アンタ、スキーで空を飛んだのか!?」なんて感じのことを言い、ヒューヒューと歓声をあげて子どものように大はしゃぎ。スキーならまかせとけ！ という感じだったおっちゃんらも、さすがに空を飛んだことはなかったらしい。

おっちゃんらにひと通り、今日がいかにハードなスキーだったかを伝え、それでお腹がペコペコなんだという感じでパエリヤをほおばってみせると、彼らはようやく私たちの食いっぷりの激しさに納得したらしかった。陽気さに輪をかけた彼らはワインのボトルを高々と持ち上げ、「グラス持ってこっちに来なよ！」と手招きしてくる。なんだか流しのコメディアンみたいになってきたなぁと思いつつ、私はお言葉に甘えてお相伴《しょうばん》にあずかることにした。

ワインをなみなみとグラスに注《つ》がれた私が、「グラシアス！（ありがとう）」とお礼を言うと、ベレー帽を被《かぶ》った体格のいいおっちゃんは、自分のグラスのワインを一気に飲み干した。それから私にも「グッと飲みな！」という感じで、しきりにワインを勧めてくる。

だが、私は見かけと違って、酒が強くないのだ。それでも彼らの好意を無駄にしてはイカンと思い、私は思いきってワインをググッと飲み干した。おっちゃんらは手を叩《たた》いて私の飲みっぷりを称《たた》え、またしてもワインをドボドボと注いでくる。「シエラ・ネバダ」「エスキイ！　エスキイ！」と言っているところをみると、「シエラ・ネバダでスキーをやった記念だ！　飲め飲め！」と言っているらしい。おっちゃんらもアクションがデカいし、気心が知れてきたこともあって、何を言わんとしているのかが手に取るように分かるのだ。

だが、スキーをしてきたのは事実でも、今日のもともとの趣旨は私の誕生日なのだ。私は「トゥデイ、マイバースデー」と言ってみるが、英語がまったく通じない。おっちゃんらは好奇心いっぱいに「なになに⁉」と聞いてくるので、調子に乗った私はまたしてもジェスチャーで伝えてみることにした。

まず、かがんで小さくなり、「オギャー、オギャー」と赤ちゃんの泣きマネをしてみる。おっちゃんらの目はテンになり、「いったい何が悲しいんだ⁉」という顔になった。もっと遡《さかのぼ》らねば分かってもらえんのか……。私は自分のおかんになったつもりで、めいっぱいに突き出したお腹のまわりに両手で大きく弧を描き、妊娠した女性を表現してみた。

おっちゃんらは首を傾《かし》げながらも、クイズの回答者のように口々に叫ぶ。

「デブ？」

「ダイエットしたい？」

違う、違う！　私はもう一度、さっきと同じようにお腹が大きくなった臨月の女性のマネをしてから、今度は「コマネチ！」という感じで股をガッと開き、股の間から赤ちゃんを取り上げるフリをしてみせた。ハッキリ言って、こんなに必死にジェスチャー・ゲームをやるのは、小学校のときの〝お楽しみ会〟以来のことだ。自分でも、（アタシ、なんでレストランでこんなことやってんだろ？）という思いがチラッと脳裏をかすめるが、すでに私のテンションはマックスまで上がりきってしまっていた。自分の中にある芸人魂のようなモノが、メラメラと燃えだしているのが分かる。こうなると、分かってもらえるまで、とことんやるっきゃない！

何度も「コマネチ！」「オギャー、オギャー！」を繰り返していると、おっちゃんらが

「分かった！」という感じで叫んだ。

「ベイビーだっ！」

ふぅ〜、やっと分かってくれたか……と思いきや、おっちゃんらは「あ〜！」と大声をあげ、さっきから私たちのやりとりをゲラゲラ笑いながら見ていたスギやんの方を指さし、ニヤニヤした顔をしだした。イ、イカン！　みんな勘違いして、私とスギやんに子どもができたものと思ってしまったようだ。妊娠してて、誰が空なんか飛ぶかっつうの！

ふと見まわすと、他のテーブル席のお客さんたちまで、私の即席パントマイムにクギ付けになっているではないか！　でもって、店内からパラパラと拍手が起こりかけたもんだからたまらない。私は、ノー、ノー、スギやんは関係ないんだ、と首を振って、必死になって自分自身を指さした。そして、お母さんが赤ちゃんを抱いて「よし、よし」とあやしているマネをしながら、その抱いている赤ん坊が私だということを伝えるべく、「ミー、ミー」と再度自分のことを指さしてみる。さぁ、これでどうだ！

するとおっちゃんらは声をあげて驚き、口々に好き勝手なことを言う。

「彼の子どもじゃない⁉」

「いったい誰の子なんだ⁉」

「ボーイフレンドはどこだ？」

違うんだってば！　ああもう、どうすれば分かってもらえるんだ！　話がますますややこしくなってんじゃん！

と、そのとき、さっきから一番張り切っているベレー帽のおっちゃんが、何かひらめいたように、突然「♪ホニョロ〜ロ、ホニョロ〜？」と歌いながら聞いてきた。スペイン語だから歌詞は分からないけど、そのメロディはまぎれもない『ハッピー・バースデー』。あぁ、やっと分かってもらえた！「バースデー」という英語は通じなくても、歌は共通だったんだ！　私はもう全身でウンウン頷き、「イェー！　イェー！」と自分を指した。

すると、おっちゃんらが自然と音頭を取り、野太い声でスペイン語の『ハッピー・バースデー』を歌いだしたのだ。彼らは肩を組んで左右に体を揺らし、腹式呼吸にもほどがあるオペラボイスで、男臭さを爆発させている。おっちゃんたち4人が声を張り上げて歌い始めた『ハッピー・バースデー』が、いつのまにか他のテーブル席にいた人たちを巻き込み、小さな店のお客さん全員による大合唱になっていく。

私は、目の前に広がっている信じられない光景に我が目を疑った。見ず知らずの人たちが温かい笑顔をこちらに向け、食事の手を止めて、私だけのために『ハッピー・バースデー』を歌ってくれているのだ。お店の中には、小さな子どもを連れた家族もいれば、ラブラブというい感じのカップルもいた。仲の良さそうなおじいちゃんおばあちゃんも微笑みを浮かべ、手を叩きながら歌ってくれている。

よく日本のファミレスでも、店内に「お客様の○○さんが本日お誕生日です」なんてアナウンスが流れて拍手をお願いされたりすることがあるけれど、今ここにいる人たちはみなナチュラルそのもので、誰かに強制されたわけではないのだ。どのお客さんも知らない者同士だというのに、みんなの気持ちがひとつになって同じ歌を歌っている姿に心を打たれてしまう。

スペインの人たちに誕生日を祝福してもらいながら、私は自分の中に根深くあった白人コンプレックスが解けていくのを感じていた。彼らの目がデカいことや、鼻が異様に高いことや、足がすらりと長いことなど、私は今まで外見的なことにばかり囚《とら》われていたかもしれない。彼らを遠く感じていた一番の原因は、こちらが勝手に心の中に壁を作っていたからだったような気がしてくる。

と、そのとき、今の今まで揃っていた合唱が、なんの前触れもなく、突然やんだ。ベレー帽のおっちゃんが、私を指さして何かを訴えている。あぁ、このメロディは「♪ハッピーバースデー　ディア　○○ちゃん」の○○の部分だ！　と気づいた私は、慌てて自分を指し、「てるこ、てるこ！」と言った。音頭を取ったベレー帽のおっちゃんが指揮者のように腕を振って仕切り直し、みんなの歌声がまた気持ちいいぐらい揃った。

「ワイン1本サービスしとくぜ！」

陽気に踊るバルの兄ちゃん

「♪ホニョホニョロ～、ホニョ、てるこぉ～、ホニョホニョロ～、ホニョロ～！」

歌が終わると同時に、店中から割れんばかりの拍手とヒューヒューという歓声があがる。私もみんなの歌に拍手を捧げ、「グラシアス！　グラシアス！」と何度もお礼を言って頭を下げた。なんてあったかい人たちなんだろう！　胸の奥がツーンと痛くなり、私はもうほとんど涙目になっていた。

店のマスターらしいチョビひげのおっちゃんが、カクテルらしき飲み物を持ってきてくれる。

チョビひげマスターは大げさにウィンクをし、ノリノリな感じで言う。

「このスペシャル・カクテルを、お誕生日のキミに！」

どのテーブルのお客さんからも酒をガンガン注がれ、勧められるままジャブジャブ飲みまくった。全身に喜びが満ち満ちていて、私は自分が下戸《げこ》だということを忘れてしまうくらい興奮していたのだ。『ハッピー・バースデー』の歌をこんなに大勢の人に合唱してもらったのは、生まれて初めてのこと。しかも、旅先で現地の人たちから祝ってもらうことになるとは夢にも思っていなかった。ひとりでひっそりすごす覚悟だった誕生日は、生涯忘れられない最高の誕生日になっていた。

その日を境に、私は前にも増して、スペインを旅するのが楽しくて楽しくてたまらなくなってきた。マドリッドまでピカソの『ゲルニカ』を見に行ったり、ポルトガルまで足を延ばしてユーラシア大陸の最西端にあるロカ岬まで行ってみたりと、どこに行くのもスギやんが地図を見て連れていってくれるのが楽チンだったのだ。

だが、いくら居心地がいいとはいえ、スギやんといつまでも一緒に旅を続けるわけにもいかない。彼の旅の最終目的地はアメリカであり、私のメインの旅どころはモロッコなのだ。そろそろ移動しなければと思い、私がモロッコへ向かうことを告げると、スギやんは「ここまで来たんやから、僕も日帰りツアーでモロッコに行ってみようかな」と言いだし、私たちはモロッコ行きのフェリーに乗るべくアルヘシラスへ向かうことにした。

アルヘシラスに着いた私たちは、港のオープンカフェで、ふたり一緒の最後のランチを食べた。スギやんが申し込んだ日帰りツアーのフェリーの出航時間は私よりも遅く、私がチケットを買ったフェリーはあと1時間で出発だったのだ。

ぬけるような青空が広がっていて、海の方から吹いてくる潮風が心地よかった。スペインに着いてからというもの、ずっと行動を共にしていたスギやんとここで別れるなんて、なんだか信じられない気分だった。

スギやんは私の身を案じて、何度も口酸《す》っぱく言った。

「あのな、モロッコに行くのは分かる。でもな、アルジェリアからサハラ砂漠を越えて、マリ、セネガルまで行くっていうのは、ちょっと無茶やで。あの辺、今、情勢もよくないって聞くし、ちゃんと現地で情報を確認しぃや！」

彼の目は真剣そのもので、まるで娘を旅に送り出すおとっつぁんのようだった。

「危ないと思ったら、意固地にならんと、絶対に引き返してくるんやで！　生きて帰ってこれたらどんなことでも笑い話になるけど、生きて帰ってこられへんかったら、もう一生笑われへんのやで！　春からは『ドラゴンボール』作ることになってるんやろ？　それやったら絶対生きて帰ってこなアカン！」

いや、『ドラゴンボール』は作らんと思うけど……。スペインでは『ドラゴンボール』が大人気で、私が現地の人に「卒業後はどうするの？」と聞かれるたびに「『ドラゴンボール』の会社に入るんです」と答えているのを何度も耳にするうちに、スギやんは私が東映に入社後『ドラゴンボール』担当になるものだと思い込んでしまったようだった。

「ウンウン、分かってるって」

それでもなんでもスギやんの優しい気持ちが身に染《し》みて、胸がいっぱいになる。行けるところまで行って危険だったら、スギやんの言う通り引き返してこようと心に誓う。

私の乗るフェリーの出航時間が近づいていた。

「じゃあ、スギやんも、ええ旅をな！」

そう言って席を立とうとした私に、スギやんが「ちょっと待って！」と一大決心した顔で言う。

「このカメラ、自分に貸しとくわ」

スギやんは、自分のコンパクトカメラを私に差し出した。

「えぇ!? だって、スギやんもこの後1カ月の長旅なんやから、カメラはいるやんか！」

実は数日前、持ってきたコンパクトカメラが壊れてしまい、私はしょんぼりしていたのだ。

「僕はええから、自分、持っていきぃ」

スギやんの気持ちは嬉しかったが、それはあまりにも申し訳ない気がした。それに、彼は観光名所でピースして記念写真を撮るのが大好きな人なのだ。

「私にカメラを貸してしもたら、これから先の写真、全然撮られへんようになるねんで！」

私がそう言うと、スギやんはニコニコ顔で言う。

「こんなにたくさんの人とふれ合った旅、僕は今までしたことなかったわ。自分のおかげで、ほんまに楽しい旅やった。このカメラで、モロッコの人たちのええ笑顔をたくさん撮ってきて。僕はアメリカに行ったら友だちのを借りるから、なんも心配せんでええよ」

スギやんは、私が「いつかなんらかの形で旅を表現してみたいねん」と言っていたのを、覚えてくれていたのだ。写真はなによりも旅の記録になる。私はなんと言っていいか分からず、言葉がすぐには出てこなかった。胸に熱いものがこみ上げてきて、涙を見せないようにするので精一杯だった。

「ありがとう、スギやん！　いっぱいええ笑顔を撮ってくるわ！　スギやんが私にカメラを貸してくれたこと、後悔せえへんように」

日本での再会を約束し、私たちは固い握手をして別れた。

フェリーに乗り込むまで、私は何度も何度もスギやんの方を振り返った。スギやんは私を見送りながら、いつもの調子でニコニコ笑っていた。私がこの10日間、ずっとそばで見ていた笑顔が、だんだん、だんだん、小さくなっていく。

思えば、スギやんと〝正しい観光旅行〟をしたおかげで、私は「イイものはイイ！」と素直に思うことができるようになっていた。普段は滅多に撮ることのない観光地でのピース写真を、スギやんに何枚撮ってもらったことだろう。辛かった高校時代も、スギやんと出会ったおかげで、なんだか全部がいい思い出だったような気がしてくる。

ありがとう、スギやん！　私は祈るような気持ちでスギやんの姿を見送った。また会う日まで、どうか元気で！

モロッコ編

MOROCCO

女はつらいよ

アルヘシラスの港を出発したフェリーは、想像していた以上にスケールのデカい大型船だった。

白い波しぶきを上げ、フェリーは前へ前へと進んでいく。空はどこまでも高く、真っ青に澄みきっていて、本当に気持ちのいい午後だった。あぁ、モロッコって、いったいどんなところなんだろう！ スペインでの寄り道が長かったこともあって、私の胸は期待ではちきれんばかりになっていた。

甲板に出ると、グラサンで決めた西欧人の観光客たちがドヤドヤいて、潮風に吹かれながら気持ち良さそうにビールを飲んでいた。彼らはときどき大きな笑い声をあげ、さも楽しそうに談笑している。そのリラックスしまくっている姿は、いかにもリゾート地に向かっているという感じの雰囲気だったのでちょっと拍子抜けしてしまう。これまでモロッコというと、映画『シェルタリング・スカイ』で見た、孤独感を抱きつつ砂漠をさまようというイメージが強かったからだ。当たり前のことなんだろうけど、どうやらみんながみんな、モロッコをさまよいに来ているわけではないらしい。

それにしても、タンジェに着くまでは2時間半か。甲板でひとり、ボーッと海を眺めていると、時間がすぎるのがやけに長く感じられた。

考えてみれば、この10日間ずっとスギやんと行動を共にしていたのだ。スギやんが隣にいなくなってからというもの、正直、私の心の中には、ある種の解放感が満ちていた。トイレに行くとき以外は、それこそ朝から晩まで一緒にいたから、ひとり旅をしようと思っていたにもかかわらず、ひとりになれる時間がまったくなかったのだ。でもその代わりに、なんだか心にポッカリ穴が空いてしまったような気もした。私はさみしさを紛らわそうと思い、フェリーの中を探索してみることにした。

船内をうろついていると、ふと、頑丈そうな鉄製のドアがあることに気がついた。なんの表示もないところをみると、乗客用の場所ではないようだ。軽い気持ちで押してみると、ドアはいとも簡単に開き、地下に向かって細い階段が長々と延びているのが見えた。

階段があるということは、その先に「何かがある」ということだ。いったいこの先には何があるんだろう？　フェリーに乗ったのは初めてのことで、好奇心を抑えきれなくなった私は、その階段を降りてみることにした。

おそるおそる、下へと延びている真っ白な階段を降りていく。すると、さっき開けたドアが、後ろの方で「バターン！」という大きな音を立てて勢いよく閉まった。その音を聞いて、私の心臓は一気に縮み上がってしまった。さては閉じこめられたかっ⁉

だが、落ち着いて考えてみると、たぶんドアは風か何かの力で閉まったのに違いなかった。でも、これって冒険映画なんかでよく見るシーンだよな〜。敵の要塞《ようさい》に忍び込んだものの、それが敵の罠《わな》で、まんまと捕らえられちゃうってヤツ。

くぅ〜、かっくい〜‼　私はこういう映画的なシチュエーションに弱いのだ。お調子者の私は、自分がまるでインディ・ジョーンズにでもなったような気がして、なんだか胸がワクワクしてきた。

階段を最後まで降りきるとそこは地下になっていて、長い廊下が続いていた。廊下の両側にはいくつもドアがあったので、片っ端からバンバン開けていきたい衝動に駆られてしまうが、その気持ちをグッと抑え、まずは行けるところまで行ってみることにした。

音を立てないよう、忍び足で廊下を進んでいく。長い廊下の突き当たりまで行ってみると、そこがまたしてもドアになっていた。しかも、ドアは10センチほど開いているではないか。私はドアの陰に身を潜め、思いきって押してみた。

ドアは、建て付けの悪そうなキ〜ッという音を出しながら、ゆっくりと開いた。私はもうその状況に酔っぱらってしまい、拳銃を構えて「動くなっ！」とでも言いたい気分だったのだが、ドアが開いた先に見えたのは、談笑しながらランチを食べていた兄ちゃんたちの、めちゃくちゃ平和な光景だった。白い制服を着ているところをみると、どうやら彼らはフェリーの従業員のようだ。突然ドアを開けた、いかにも一般の乗客という感じの私を見て、兄ちゃんらは「へ!?」という顔になり、まさに口あんぐりという感じで私にクギ付けになっている。

私は慌《あわ》てて「あ、お食事中、失礼しました！」と言い放ち、立ち去ろうとしたのだが、彼らは笑いながら「いいから入ってきなよ！」というしぐさをしてくる。そのアクションに促《うなが》され、私はちょっと中にお邪魔させてもらうことにした。

部屋の中は広々としていて、簡素な長方形のテーブルやイスがいくつも並べてあった。ここは、フェリーで働いている人たちの食堂のようだ。

兄ちゃんたち3人はアラブとヨーロッパをミックスしたような顔立ちで、ナニ人なのかよく分からなかった。彼らは大きな土鍋に入った煮込みにパンをつけ、美味そうにもぐもぐほおばっていた。土鍋からホワホワと湯気が上がっていて、なんともイイ匂いが漂ってくる。

「それは、なんていう食べ物なんです？」

私が英語で尋ねると、3人の中で一番体格のいいマッチョな兄ちゃんが英語で聞き返してくる。

「僕はフランス語の方が得意なんだけど、キミはフランス語は話せる？」

「いえ」

「え？　フランス語がダメなの!?　じゃあスペイン語は？」

「いやいやまったく」

「あ、ならアラビア語はできる？」

「とんでもない！」

「そうか、キミは英語しか話せないのかぁ。えっとこれは、モロッコ料理のタジンっていう食べ物だよ」

どうやらマッチョな兄ちゃん以外は、英語が話せないようだった。

英語が話せないふたりの兄ちゃんが、「食べてみなよ」というしぐさをしてイスを引いてくれたので、私は座らせてもらうことにした。

兄ちゃんたちがこぞって食べ方を教えてくれる。彼らはスプーンを使わずにパンを直接煮込みにつけ、パン生地を汁に浸し、パンで具をはさんで食べているのだった。土鍋の横には、直径30センチはあるかと思われるどデカいパンが置いてあった。真ん丸でふっくらしているそのパンを、マッチョな兄ちゃんが小さなサイズにちぎって渡してくれた。

パンを煮込みにつけ、私も食べてみる。すると、スパイスのほのかな香りが口の中にホワ

〜ッと広がった。こりゃあ、確かに美味い！　中には鶏肉と、タマネギやジャガイモなどの野菜が入っていて、見た目はフツーのシチューとさほど変わりないのだが、野菜がクタクタになるまで柔らかく煮込んであって、味つけがとにかくマイルドなのだ。

「コレ、ほんとにおいしいね！」

私が興奮して言うと、兄ちゃんらは「そりゃそうさ。タジンはモロッコのおふくろの味だからね！」と得意げだ。その言い方からして、どうやら彼らはモロッコの人たちであるらしかった。

私はイスラムの男といえば、ヒゲをボーボーに生やしているというイメージがあったのだが、別にみんながみんなヒゲを生やしているわけでもないらしい。モロッコが北アフリカにあり、ヨーロッパに近いせいなんだろうか。彼ら3人の顔立ちは本当に三者三様だ。モロッコにはいろんな顔の人がいるんだなぁと思う。

私が食べ終わるのを待って、マッチョな兄ちゃんが、「船の中を案内しようか？」と言ってきた。美味いモノをごちそうになって上機嫌だった私は、お言葉に甘えることにした。マッチョな兄ちゃんは、まるでＮＨＫの子ども番組に出てくる体操のお兄さんのような好青年だった。彼はフェリーの中を歩きまわり、キビキビとした動きで懇切丁寧に案内してくれる。

「ここは厨房だよ。さっき食べたタジンはここで料理したものだよ」

「あれが貯蔵庫。船内で売っている商品のすべてがストックされてるんだ」

「ここは、フェリーで働いているスタッフたちの更衣室で、あっちが仮眠所だよ」

初めて見るフェリーの中は何もかもが珍しく、私は「へ〜っ」「はぁ〜」と感心しきりだった。

いくつ部屋を見てまわっただろうか。彼の英語は流暢《りゅうちょう》すぎて理解できないところが多く、だんだんフェリー内の探検にも疲れてきた。そろそろ上に戻ってゆっくりしたいなぁと思いつつも、兄ちゃんはフェリーに興味を持った観光客が珍しかったのか、めちゃくちゃ張りきっている。そんな彼を前にすると、「もう飽きちゃったんで……」なんていう本音は、とてもじゃないけど言い出せなかった。

マッチョな兄ちゃんは私を連れて、どんどん奥の方まで進んでいく。さらに廊下を突き進み、突き当たりにあったドアを開けると、その部屋にはごちゃごちゃと入り組んだ機械やタンクがたくさん置いてあった。

「ここはボイラー室。お湯を沸かしたり、フェリーの中を暖房するためのタンクがたくさん置いてあるんだ」

彼はフェリーの仕組みについてあれこれレクチャーしてくれるのだが、私には彼の話す英語の専門用語がほとんど分からなかった。それでも、彼が必死に説明してくれるのに退屈そうな顔をしてはイカンと思い、愛想よく頷《うなず》いていた、そのときだった。さわやかそのものだった彼の顔がいきなりセクシーモードに切り替わってネチッこい感じになり、「キミは結婚してるの〜？」と聞いてきたのだ。

なんかこの雰囲気、ヤバい！　今ボイラー室の中には、彼と私の、ふたりきりだ。私は「結婚してないけどそんなの関係ないじゃん」と早口で言い放ち、部屋から出ていこうとした。すると、マッチョな兄ちゃんは「ボクと結婚しよう！」と言い、私にガバッと思いきり抱きついてきたのだ。

思いもよらぬ展開に頭が錯乱する。私は大声で「ノォォォー!!」と叫び、全身の力をこめて彼の体を引き離そうとした。だが、相手の腕力は凄《すさ》まじかった。彼は強引にキスしようと私の体をガッと引き寄せ、唇を突き出してくる。お互いがお互いの顔をつかんでもみくちゃになるが、なんとか唇を奪われまいと顔をのけぞらせ、私は必死に抵抗した。

いやがる私を無理にねじ伏せるのはプライドが許さなかったのか、彼がちょっとためらって力を緩めたその隙《すき》に、私は彼の体を思いきり突き飛ばした。

ボイラー室から飛び出し、長い廊下をひたすら全速力で走る。もう無我夢中だった。階段を2段飛ばしで駆け上がり、どうにか甲板へと戻ってくることができたときには息も切れ切れで、そのまま倒れてしまいそうなぐらいグッタリしていた。

よろよろと甲板に出て、床に腰を下ろす。恐怖のあまり腰が砕けて、立っていられなかった。自分が今、体験してきたことが、実際に起きたことだとは信じられないほど私はパニクっていた。あんなに感じのよかった人が、急に恐ろしい男に豹変《ひょうへん》した瞬間の映像が、何度も何度も頭に蘇《よみがえ》る。

目の前には、さっきと同じように船旅を楽しんでいる白人観光客たちの姿があり、そのバックにはぬけるような青空が広がっていた。波しぶきが上がるたびに、観光客たちが「オー！」と歓声をあげている光景は平和そのものだ。

私は、自分ひとりが、異世界を見てきてしまったような気がした。そして、自分が独りぼっちなのだということを思い知らされていた。どこを見渡しても、まわりは知らない人ばかりだ。今、自分がどれだけ大変な目に遭ったかということを、私は誰にも分かってもらうことができない。

あぁ、これが、ひとりで旅をするということなんだ。これまで私はずっとスギやんとふたりで旅をしていたから、危険回避能力が低下していたんだろう。

それにしても、モロッコをひとりで旅するのは危ないかも……という不安がよぎる。普段は自分の性別をほとんど気にしない私だが、今度ばかりは自分が女だということを意識せずにはいられなかった。イスラムの世界では、結婚した夫婦以外は男女の付き合いが自由ではないから、外国人の女を見ると現地の男が言い寄ってくるという話を前に聞いたことがあった。私はフェロモンをふりまいているタイプではないし、とタカを括《くく》っていたのだが、これからは軽率な行動は慎まなければ！　自分の身は、自分で守るしかないのだ。

なんとか気を取り直した私は気分転換しようと思い、甲板を歩くことにした。しばらくプラプラしていると、同い年くらいの日本人旅行者たちの集団に出くわした。おおっ、いたいた！　日本人を見つけた私は思わずホッとしてしまった。「こんにちは〜」と声をかけ、彼らの輪の中に加わった。

日本国内であれば、道を聞く用でもない限り知らない人に声なんかかけないのに、旅先だとどうしてこうも自然な感じで声がかけられるんだろう。私はあっというまに、彼らの雰囲気の中に溶け込んでいた。彼らはみな、ふたり組ないし3人組の旅行者で、このフェリーの中で知り合ったということだった。ヨーロッパを中心に旅していてモロッコ行きを思い立ち、タンジェの日帰りツアーに参加したのだという。それを聞いて、ちょっとガッカリしてしまう。気が合う人がいれば一緒に旅するのもいいかなぁ、と思っていたからだ。

モロッコでの日程を聞かれ、2週間くらいはいるつもりだと答えると、その中のひとりが私に言う。

「タンジェって、モロッコに耐えられるかどうかをはかる〝踏み絵〟らしいよ」

「え？　なんで？」

私が聞くと、彼は言った。

「それぐらい、タンジェの客引き合戦は激しいってこと」

彼の言葉に私はげんなりしてしまった。インドである程度、客引きのスゴさには慣れていたつもりだったけど、さっきの事件のことを思うとめまいがしてくる。客引き合戦に加えてのエロ攻撃は、今まで経験したことがない未知の世界だ。

なんとか不安を紛らわそうと思い、彼らのヨーロッパでの話に耳を傾ける。ヨーロッパは物価が高いから、彼らはたいてい現地のＹＭＣＡに泊まっていたのだという。「いろんな国の旅行者と知り合えるからＹＭＣＡはいいよ！」とみなが口を揃える。ヨーロッパのＹＭＣＡは街の中心から離れた場所にあることが多かったので、私は一度も利用したことがなかったのだ。

みんなであーだこーだと話していると、その中にひとり、ほとんど会話に参加していない男の子がいることに気がついた。銀縁メガネの奥でニコニコ目を細めているところをみると、気むずかしいのではなく、単に物静かなタイプの人のようだ。

彼がこのグループの中で唯一、ひとり旅だということに気づいたのは、フェリーがタンジェに着きかけたころだった。私が「どの辺を旅する予定なんです？」と尋ねても、「いや、まだ全然決めてなくて……」と彼の口数は少なかった。

アウトドア系のコートに、厚手のざっくり編みのとっくりセーターを着ている彼は、どことなく孤高の旅人という感じがした。ひとりで旅しようと思っている人に、「一緒に旅しませんか？」と言うのもなんだか気が引けて、私はそれ以上、彼に話しかけなかった。

甲板に立っていると、タンジェ港が徐々に見えてきた。港の向こうには緩やかな起伏があり、白くて小さな家並みが遠くの方まで広がっている。あれが、あそこに見えているのが、アフリカ大陸の端っこなんだなぁ！　自分の心臓がどこにあるのかハッキリ分かるくらい、ドクドク鼓動しだす。あぁ、とうとうモロッコまでやってきたんだ！


フェリーがタンジェに着き、日本人旅行者のグループと手を振って別れると、私はまたひとりぼっちになってしまった。彼らは「一緒に食事でもどう？」と誘ってくれたのだが、タンジェがモロッコの踏み絵なら、ここはひとりで向き合わなければと思ったのだ。

フェリーを降りると、船着き場は案の定、客引きの男たちであふれかえっていた。ポーター風の兄ちゃんから、ガイドと名乗るオッサン、ホテルの客引きマンまで、うようよいる男たちの数はゆうに１００人を超えているんじゃなかろうか。思わず背筋がゾーッとするが、ここを通過しなければモロッコの大地を踏むことができないのだ。

「ボンジュール！」

「ハロ〜ッ！　アイム　ガイド、ガイド！」

「ジャポネ！　ヘイ！　カモン‼」

「グッド・ホテル！　チープ・ホテル！」

男たちがひっきりなしに声をかけてくる。彼らは自分が「コレだ！」とねらいをさだめた旅行者につきまとい、勝手に荷物を持ったりして、あちらこちらで旅行者たちを怒らせていた。

それにしても、うじゃうじゃいるおっさんらの、目つきの悪いこと、悪いこと！　よく「顔に書いてある」なんて言うけれど、彼らの顔にはハッキリ『私はうさん臭い人間です』と書いてあった。ここまで分かりやすいとなると、全員シカトするに限る。要は何を話しかけられても、一切、相手にしなければいいのだ。私はリュックのひもをギュッと握り、誰とも目を合わさぬよう、前へ前へとズンズン歩いていった。

客引き攻撃も収まったところで、鉄道の駅へ直行することにした。こんなに怪しいおっさんが大集合しているような街は、さっさとオサラバしてしまうに限ると思ったからだ。

誰かに駅の場所を聞こうと思っていると、めちゃめちゃ愛想のいいおっさんに「どこに行こうとしてるんだい？」と声をかけられた。赤いニット帽を被《かぶ》り、立派な口ヒゲとあごヒゲを蓄えているおっさんは、人なつっこさを爆発させてニコニコしている。その笑顔につられて「タンジェ駅へ行こうとし……」と言いかけると、最後まで言い終わらないうちに、おっさんは「ホイきた！　まかせとけ」ってな感じで、私の前を意気揚々と歩きだしたもんだからたまらない。しまった、このオヤジ、ガイドだ！

「ちょっと、ちょっと！　道を聞いただけで、ガイドは頼んでないよ！」

慌ててそう言うと、おっさんは肩をすくめ、茶目っ気たっぷりに返してくる。

「オレはただ、あんたの前を歩きたいだけさっ」

「じゃあ聞くけど、おっさんは今、どこに向かって歩いてんのよ⁉」

こっちは怒り口調だというのに、おっさんはいけしゃあしゃあと言う。

「そりゃあ、あんた、タンジェ駅に決まってるじゃないか〜」

小憎らしいリアクションだこと！　おっさんは私が何を言わんとしているかが全部分かっているクセに、何食わぬ顔だ。これじゃおっさんの策略にまんまとハマってしまったも同然ではないか。

港のゲートを出て数分のところに、タンジェ駅はあった。おっさんは、さも自分が連れてきてやったんだという感じでエスコートしだし、「さぁ着いたよ！」と得意気に言う。こんな目と鼻の先だったっていうのに、これのどこがガイドなんだよっ。

私はおっさんから離れようと思い、その辺りにいた兄ちゃんに「すいません、チケット売り場は……」と尋ねかけたのだが、おっさんは「こっちだ、こっち！」と叫び、エラソーに指示してくる。私はおっさんの声を無視し、兄ちゃんに再度、チケット売り場の場所を聞いて礼を言い、おっさんは存在しないモノとして振る舞った。

とりあえずカサブランカに行こうと思っていたのだが、チケット売り場で聞くと、午後は夜行列車しかないのだという。カサブランカまでは6時間だというから、夜行にしてはハンパな距離で、睡眠が十分に取れそうもない。どうしようかなぁと考えつつ、チケット売り場の人と真剣に話し込んでいると、おっさんはにじり寄ってきて「カサブランカかぁ、ビッグ・シティね！」などと言っては、しきりに自分の存在をアピールしてくる。

やっぱりこんなオヤジのいる街には一泊もしたくない！　と思った私は、カサブランカ行きの最終チケットを購入することにした。料金を払い終えると、そばにあったはずのリュックがない。見ると、ちょっと目を離したスキに、おっさんは勝手に私の荷物を背負ってしまっていた。

さすがに無視できなくなった私が「ちょっと！　触んないでよ！」と怒ると、おっさんはヌケヌケと「大きな荷物は駅に預けときなよ。その方が楽だよ」と言い放ち、意気揚々と歩きだした。

うぐぐ……私だってチケットを買った後にそうしようと思っていたところなのだ。私はおっさんの後を追い、「自分で持つから！」と言ってリュックを奪い返した。どうやらこのオヤジ、私の行動を読んで先まわりして、親切の押し売りをしようという戦法らしかった。

夜行列車の時間まで荷物を預けて身軽になった私は、おっさんを無視してメディナと呼ばれる旧市街に向かった。

メディナの中に一歩、足を踏み入れると、そこはもうアラブ世界だった。細い迷路のような道を歩いていると、シシカバブ（羊肉の串焼き）を焼く匂いが立ち込め、食欲をそそるスパイスの香りが漂ってくる。フード付きのアラブ服を着た男や女たちが行き交い、向こうからは荷物を載せたロバを引き、おじいさんがゆっくりと歩いてくる。スペインからたった2時間半船に揺られただけで、こんな異世界が広がっているとは驚きだ。

道の両側には、小さな専門店がいくつも軒を並べていた。色鮮やかな香辛料に、さまざまな種類のオリーブ、カラフルな陶器や衣料、カーペットなど、見ているだけでも楽しくなってくる品揃えだ。

店の兄ちゃんたちが、「ボンジュール」「マダ〜ム！」「サバ？」と陽気に声をかけてくる。すれ違う人の中には「こんにちは〜、ありがと〜、さよなら〜」と、知っている日本語を全部言って去っていく人もいる。私はそんなふうに声をかけられるたびに、「ボンジュール」「ハーイ！」と笑顔で応《こた》えた。

ああ、この感じ！　胸になんともいえない懐《なつ》かしさがこみ上げてくる。初めての国だというのに、前にこの場所に来たことがあるような、不思議な感覚。そうか、モロッコはインドに似てるんだ！　もちろん、住んでいる人の顔も服装も違うし、売っている商品や食べ物もまったく違う。でも、この路地の迷路っぽい雰囲気や、モノに値段があるようでないモード、現地の人たちの人なつっこい感じ、そのどれもが私にインドを思い出させるのだ。

それにしても、メディナをただ歩いているだけで、自称ガイドの男たちがわんさか言い寄ってくる。しかも、さっきから私の後をしつこくつけているおっさんが「オレの客に手を出すな！」と言わんばかりに他のガイドを睨《にら》みつけ、シッシッと追っ払っているではないか。アタシがいつあんたにボディガードを頼んだっていうんだよ！　頼んでもないのに、勝手に働かれても困る。これ以上親切にされたら、後でどれだけガイド料を請求されるか分かったもんじゃないと思い、私はこのオヤジから逃げ出すことにした。

道を歩きながら、逃げ出すタイミングを計る。前を見ると、ちょうどこの先の道がふた手に分かれていた。向こうからロバの荷車が2台立て続けにやってくるのが見えたとき、今だ！　と私は一目散に逃げ出した。

「イェーイ!」とお調子者のガイドオヤジ

クネクネと折れ曲がった道を、自分が出せる最大限の力を振り絞って走る。おっさんが後ろから大声で叫んでいるのが聞こえる。

「オレは悪い人間じゃないんだ！　ただ親切がしたいだけなんだよ〜！」

それが大きなお世話なんだってば！　あんなオヤジに親切にされてたまるものか！

必死の形相で走っている私を、行き交う人がいぶかしげな顔で見る。眼差《まなざ》しが鋭いヒゲの男たちや、黒いベールで頭と顔を覆い、目だけを見せている女たち。私はまるで中世のアラブ世界にタイムスリップしたような気分だった。

どれだけの角を曲がっただろう。脇目もふらず、ひたすら走り続けていると、細い道がパーッと広がってにぎやかな広場に出た。さすがに息が切れてゼーハーしてきたので、私は走るのをやめて、歩くことにした。

それにしても、大人になってから人にこんなに追いかけられたのは初めてだった。さすがにここまでは追ってこないだろう、とホッとした途端、前からニコニコ顔で軽いステップを踏みながら歩いてくるのは、完全にまいたと思っていた親切オヤジではないかっ。

おっさんは脳天気に「イェーイ！」とVサインを突き出し、「突然、走りだすからビックリしたじゃないか〜」などとのたまう。私の完敗だった。この街を知り尽くしているオヤジから、逃げ出すことなどできるワケがないのだ。

「あのさ、私は本当に、ガイドなんていらないんだってば！」

「オレはあんたが気に入ったから、ついてきてるだけさ」

何をどう言っても聞いてくれそうにないので、私はもうおっさんの好きにさせておくことにした。すると、おっさんは得意気に「ついてきな！」と言い、歩き始めている。やれやれ。私は観念して、おっさんの後を歩くしかなさそうだった。

「ここから見えるタンジェは最高だろ？」

おっさんが連れてきてくれた場所は、タンジェの街と港が見渡せる展望台だった。海の向こうに目をやると、対岸にはスペインの大地がうっすらと見える。眼下には、真っ青な海と真っ白の街並みが広がっていて、その青と白の強烈なコントラストは、思わずうっとりしてしまうほど美しかった。

しばらくそこでぼんやりくつろいでいると、遠くの方から、演歌のような小唄のような独特のコブシがきいた男の声が聞こえてきた。おっさんに「あの歌は何？」と聞くと、「アザーンだ」と教えてくれる。アザーンというのは、祈りの時間を告げる呼びかけで、モスク（イスラム教寺院）から一日5回、生放送で「祈りなされ〜」と街中に流れるのだという。そういえば、イスラム教徒は、仕事中でも移動中でも祈りの時間になるとひざまずいてメッカ（イスラムの聖地）の方角に向かって祈るというのを、何かのテレビで見たことがあった。なのに、おっさんはアザーンを無視し、知らんぷりしているのだ。

「ねぇねぇ、祈りの時間なんでしょ？　なんで祈んないの？」

私が聞くと、おっさんは飄々《ひょうひょう》と言う。

「いつも心の中でアッラーに祈ってるから、わざわざモスクに行かなくてもいいのさ」

そんなものなのかぁ。まわりを見ても、祈っていないのはおっさんだけではなかった。道行く人たちもみな普通に歩いているだけで、お祈りしている人の姿を見かけないのだ。私が見たテレビの映像は、確かメッカのあるサウジアラビアだったような気がする。同じイスラム圏でも国によって、温度差というか、戒律の差がかなりあるようだ。

おっさんはお祈りそっちのけで言う。

「そろそろ腹がへッたろ？　いいレストランに案内しよっか？」

日が暮れて、辺りが暗くなり始めていた。おっさんとの壮絶な追いかけっこのせいか、確かにお腹がかなり減っている。

「じゃあさ、ガイド料は払わないけど、おっさんの知り合いの店に行ってあげるよ」

おっさんの案内で連れていかれた店は、赤いじゅうたんが敷きつめられた、かなり立派な雰囲気のレストランだった。

メニューを見ると、魚のタジンでも30ディラハム（約３００円）とそれほど高くはなかったのでホッとした。おっさんは何も注文せず、おとなしく私の席の近くに腰を下ろして水を飲んでいる。「何も食べないの？」と聞くと、「女房が家で夕飯を作ってくれてるからさ」と言っておっさんは首をすくめた。このおっさんにも家族がいて、養わなきゃいけないから大変なんだなぁと、私は初めておっさんのバックグラウンドを想像した。

うやうやしく魚のタジンを運んできたボーイの兄ちゃんは、オレンジ色に金のラインが入ったド派手なアラブ風スーツを着ていた。甘いマスクとキラキラ衣装がよく似合っていて、店の高級感を演出している感じだ。

食べてみると、魚のタジンは新鮮な海の幸を使っているだけあって、かなり美味かった。もりもり食べている私を見て、ボーイの兄ちゃんが声をかけてくる。

「このタジンは地中海の魚を使っていて、タンジェ名物なんだよ」

魚のタジンを勧めてくれたのは彼だったので、私も愛想よく応えた。

「これを頼んで正解だよ。とってもおいしいね」

食べ終わった私がボーイの兄ちゃんにトイレの場所を聞くと、彼が「こっちだよ」と言ってトイレまで案内してくれた。

トイレは店の奥の突き当たりにあった。真っ暗な廊下には電気がついていなかったので、わざわざ案内してくれたようだ。私が「シュクラン（ありがとう）」とお礼を言ってトイレの個室に入ろうとした、そのときだった。ボーイの兄ちゃんがもの凄い勢いで個室の中まで入ってきて、私に抱きついてキスを迫ってきたのだ。

何すんだよ！　力いっぱい払いのけようとするが、男が本気を出すと女は太刀打《たちう》ちできないのだということをイヤというほど思い知らされた。狙った獲物に対するリビドー（性的衝動）が凄《すさ》まじく、圧倒的な力でねじ伏せられてしまう。男の息は興奮でハフハフしていて、さっきまでの優雅な振る舞いが信じられないくらい、アニマルそのものになってしまっている。身動きできない私は、唇を自分の口の中にグッとしまい込み、何がなんでも相手の唇に自分の唇が触れないようにするのに必死だった。

懸命に格闘しているうちに、男の腕が私の口の前に来た。今しかない！　思いきって男の腕の肉にかじりつく。彼は痛さのあまり「あぁっ」と小さな声をあげ、体をよじらせて腕を振り回したが、それでもスッポンのように私の体にへばりついていて離れやしない。男がトイレから出ていくまでは死んでも離すもんか！　腕の肉を引きちぎらんばかりにギリギリと嚙《か》み続けていると、男の声が悲鳴に変わった。

その声を聞いた私が腕から歯を離すと、ボーイはさっと私から離れ、何事もなかったような顔でトイレから立ち去っていった。

トイレから席に戻ると、私を襲ったボーイと目が合った。私がキッと睨みつけると、ボーイはニヤニヤしながらも、さすがにバツが悪そうな顔をしている。私はこんな店、一秒でも早く出てしまいたかったのだが、クレームをつけなければ今後も同じような犠牲者が出てしまうと思い直し、ボーイとは別にいた若い従業員に「店の責任者を呼んでほしい」と頼んだ。だが、その従業員に「あいにく今日は来ません」と返されてしまう。私ははらわたが煮えくり返るやら悔しいやらで頭がどうにかなってしまいそうだったが、あきらめるしかなかった。

店の外に出ると、夜の冷え込みが厳しくなっていた。

ガイドのおっさんは心配そうについてきて、「どうしたんだい？　何をそんなに怒ってるんだよ？」と私に聞いてくる。私はもしかするとおっさんもグルだったんじゃないかと疑っていたので、怒りにまかせて叫んだ。

「ひどい店だよ！　あのオレンジ色の服着てたボーイ、トイレでいきなり私に抱きついてきて、キスしようとしてきたんだよ！」

「まぁ彼は若いしさ。出来心だったんだと思うよ。今度あの店に行くことがあったら、オレからも注意しとくしさ、そんなに怒んないでくれよ」

おっさんの態度からして、どうやら彼はこの件と関係ないようだった。おっさんがグルでなかったのがせめてもの救いだったが、私の感情は怒りを通り越して、悲しみになっていた。

どう考えても、一日の間に2回も襲われるなんて尋常じゃない。確かにフェリーでのことは、私も調子に乗っていて、こちらにも原因はあったと思う。でも、さっきの店で起きたことはなんだ⁉ 私はただ、普通にトイレに行っただけだ。しかも、あんなにきっちりした感じのレストランだったたっていうのに！ この国じゃ、外国人の女はトイレにも行けないのか⁉ トイレに行くときぐらい、リラックスさせてくれよ！

おっさんは黙って私の前を歩き、私もとぼとぼと歩いた。ずっとペラペラしゃべりっ放しだったおっさんも私の思いを少しは察したのか、めっきり口数が少なくなっている。

気がつくと、そこは昼間来た展望台だった。小さな灯りがポツポツと光るタンジェの街をぼんやり眺める。真っ暗になった海から、冷たい潮風が吹きつけてくる。海の向こうにあるはずのスペインが、めちゃくちゃ懐かしかった。あの、モノにきちんと値段があって、秩序正しい世界にいたことが、なんだか随分遠い昔のことのようだ。

「この国じゃ、男女の付き合いがあんたの国みたいに自由じゃないから、若い男は外国人の女の子を見ると嬉《うれ》しくて、チャンスだ！ って、つい思っちゃうんだよ」

おっさんは自分がやったことでもないのに、男の気持ちを代弁するかのように言い訳してくる。

「そんなの勝手すぎるよ！ 私の気持ちはどうなるの？ こっちの気持ちを無視して襲ってくるなんて、頭イカレてるよ！」

私が反論すると、おっさんはポツリ、ポツリと言う。

「そりゃそうなんだけどさ……。分かってくれよ。それが男ってもんなんだよ。こう言ったらあんたはまた怒るだろうけど、オレだって女房がいなけりゃ、今、あんたにチューしたいぐらいの気分なんだ」

なんだソレ!? 励ましてんのか口説いてんのか、いったいどっちなんだよ！　なんなんだ、この国!! やれやれ。私はおっさんの身もフタもない発言に、もう力なく笑うしかなかった。

おっさんは、鉄道のタンジェ駅まで私を見送ってくれた。

彼は車両の中までついてきて、席が確保できたことを確認すると、ガイド料をくれとは一切言わず、「バーイ」と言って去っていった。

警笛が鳴り、列車がゆっくりと動き始めた。ホームを歩くおっさんの姿が、みるみるうちに遠ざかっていく。

それにしても、今日という日は逃げてばかりいたような気がする。フェリーの船員といい、ガイドのオヤジといい、レストランのボーイといい、まったくやることなすことワケが分からない。

さっきまでの怒りと悲しみはいくらか和《やわ》らいでいたものの、私はもう心細さで胸がいっぱいだった。この世にあるふたつの性のうち、自分が男ではなく女の方に属しているという事実を、今日ほど突きつけられたことはなかったように思う。男とか女とかそんなの関係なく、どっちも同じ人間じゃん！　心の中ではそう思いつつも、哀しいかな、窓ガラスに映っている自分の姿は、まぎれもなく女なのだった。

あぁ、私はやっぱり女なんだ。今まで強く意識したこともなかったけど、あえて意識するまでもないぐらい、私は女だったんだ。トイレに行くと、自然と女子用に入る。銭湯に行っても、入るのは当然女風呂だ。なんでも話せる仲良しの男友だちだっているけど、彼らはやはり異性であって、同性ではない。どれだけ男まさりに生きていても、スカートなんかはいてなくても、私は自分の人生を〝女として〟しか生きられないんだ。

いったい、これから私はどうなるんだろう。着いて1日目にして、すでにモロッコの迷宮に入り込んでしまったような気がしてならなかった。もちろん、このまま日本に逃げ帰ることだってできる。でも来てしまった以上、この国から逃げる気にはならなかった。第一、私は何も悪いことなんかしていないのだ。私は逃亡者ではなく、単なる旅行者ではないか。

私はもう、逃げない。この国ととことん向き合ってやろう。女である自分から一生逃げられないのと同じように。

ジュラバ姿の男とカサブランカの夜

リビドー・ウォーズ

カサブランカに着いたのは、早朝だった。

人通りもほとんどなく、街は閑散としている。大通りにはスペインやフランス風の建物が立ち並んでいて、ここがモロッコ!? と思わず目を見張るほどだ。カサブランカといえばエキゾチック・ムード満載の港町を想像していただけに、ヨーロッパナイズされた街並みになんだか拍子抜けしてしまう。

夜行列車の中で眠れなかったせいで体がクタクタだ。とりあえず宿を決めてゆっくりしようと思い、ＹＭＣＡに行ってみることにした。たび重なるリビドー攻撃に参っていた私は、フェリーで会った旅行者たちの話を思い出し、ＹＭＣＡならキッチリしてそうだし、何より安全だろうと考えたのだ。

宿までの道を人に聞きまくるが、ほとんど英語が通じない。「エクスキューズ・ミー？」と尋ねても、返ってくる言葉は「ウィ？」。私がそれまで勝手に思い込んでいた「英語＝世界共通語」だという概念がガラガラと崩れていく。

モロッコを旅するのは想像以上に大変だなぁと思う。でも、待てよ。旅行者同士で話していると、よく「あそこは英語圏でラクだった」とか「フランス語圏で参っちゃって」といった話になる。でも私がフランス語が話せないのは、日本がフランスの支配下に置かれたことがなかったからなのだ。〝ナニナニ語圏〟という言葉は、その国の悲しい歴史の名残だというのに、今まで気軽に「ラク」とか「参った」という言葉で片づけていた自分が、想像力に欠けている人間に思えて恥ずかしくなってしまう。

ようやくたどり着いたYMCAは、居心地のよさそうな宿だった。

安宿にしてはロビーが広々としていて、ゆったりくつろげそうな花柄のソファーがいくつも置いてあった。壁面は、色あざやかな幾何学模様のタイル装飾と手描きの万国旗で彩られていて、なんともかわいらしく全体がまとまっている。

レセプションで宿泊の手続きをしてくれたのは、大きな目がクリクリと動く、とてもチャーミングな女の子だった。宿でも英語が通じなかったらどうしようと思っていた私は、分かりやすい英語を話す彼女にホッとしてしまった。

彼女の名前はアイシャ。年齢は私よりふたつ上で24歳だったが、2歳しか年が違わないとは思えないほど落ち着いていて、お姉さんっぽい雰囲気の人だ。モロッコに着いてからというもの、街で女の人に道を聞いても英語が通じず、女の人と話ができないことを残念に思っていた私は、彼女にもりもり話しかけてしまう。

「あなたはどうしてそんなに英語が上手なの？」

さっきから気になっていたことを聞いてみると、彼女は柔らかなソプラノボイスで言う。

「私は大学で英語を習ったからなの。モロッコでは小学校からフランス語を習うんだけど、英語は一般的ではないのよ」

聞くと、アイシャは英語だけではなく、他にもフランス語、スペイン語、イタリア語、アラビア語と、なんと5カ国もの言語を話せるというではないか。彼女は大学に進学するために、故郷の村から単身、カサブランカに上京してきたのだという。

「私も大学に行くために、大阪っていう街から東京に出てきて、ひとり暮らしをしてるんだよ」

「あら、そうなの？　じゃあ私と同じね！」

お互い年齢も近く共通点も多かったので、私たちは会ったばかりだとは思えないほど意気投合した。

アイシャがドミトリー（大部屋）に案内してくれる。ドミトリーをのぞいてみると、6畳ほどの小さな部屋の三方には、コの字形に木製の二段ベッドが置いてあった。わずかな空間には所狭しとバックパッカーらの大きなリュックが転がっていて、ドミトリーの中は雑然とした雰囲気だった。

私が中に入ってリュックを置こうとすると、アイシャが言う。

「てるこ、よかったら私の部屋に泊まらない？　この部屋だと6人の相部屋だし、落ち着かないでしょ？」

彼女はこの宿に住み込みで働いていて、ドミトリーの一室を自分専用に使わせてもらっているというのだ。

アイシャが、少し奥まったところにある自分の部屋へと私を連れていってくれる。彼女の部屋は他のドミトリーと同じ造りではあるのだが、壁に自分の家族の写真が入った花柄の額縁や、風景画のカレンダーを飾っているせいか、女の子のプライベートルームという感じの雰囲気だ。

アイシャが、お祭りやお祝いのときに着るという自分の民族衣装を見せてくれる。

「ねぇ、ちょっと着てみない？」

彼女の好意は有り難かったが、このところお湯が満足に出る宿に泊まっていなかったこともあって、私はもう何日も体を洗っていない。スペインもモロッコも湿度が低くてカラッとしていたから、毎日シャワーを浴びなくても全然気にならなかったのだ。だが、人の大切な服を着せてもらうとなると話は別だ。

「嬉しいんだけど、最近シャワーを浴びてなかったから遠慮しとくよ」

「あら、そんなのどうってことないわよ」

彼女は、モロッコではみな週1回程度、〝ハンマム〟と呼ばれる公衆浴場に行くのだと教えてくれた。どうやら湿気の少ない国では、毎日のようにお風呂に入るという習慣がないらしい。日本の風呂好き文化は、日本の湿気によるものだったんだなぁと思う。

私が自分の体をクンクンかいで、「でも臭くない？　大事な服を着ても大丈夫かなぁ」と心配していると、彼女はいいことを思いついた！　という感じで言う。

「私は午後から休憩がとれるから、一緒にハンマムに行きましょうよ」

「ほんと!?　うわ～、行く行く！」

女同士でハダカの付き合いかぁ。久しぶりにあったかい湯船に浸かってゆっくりできるのだと思うと、私はもう飛び上がらんばかりに舞い上がってしまう。

彼女がニコニコ顔で、黒いビロード生地で仕立てられた民族衣装を着せてくれる。カフタンというこの衣装には襟がなく、袖《そで》がゆったりとしていて、アラブ版ロングドレスという感じだ。胸元には、金色の刺繍《ししゅう》で蝶《ちょう》のような模様があしらってあった。いつもはパンツスタイルで通している私も、こんなにエレガントな衣装を着させてもらうと乙女心がうずく。衣装とお揃いの靴を履いてみると、なんとピッタリ。彼女と私とは背丈から足の大きさまで、サイズがまったく同じだったのだ。

「てるこ、とってもよく似合ってるわよ。あなたにプレゼントしてあげたいところだけど、私の一張羅《いっちょうら》だから、着るだけでガマンしてね！」

彼女はそう言って、茶目っ気たっぷりにウィンクした。

やっぱり同性同士はいいもんだなぁ、と思う。彼女と出会うまでの私は、昨日のリビドー事件のおかげで心が萎縮《いしゅく》してしまっていたのだ。街中で男にジロッとした目つきで見られるたびに、また襲われるんじゃないかと思って胸がドキッとした。今考えると、いささか自意識過剰気味になっていたんだろう。ほがらかで柔らかい雰囲気の彼女と話しているだけで、私の心は癒されていくような気がした。

午後になってアイシャの仕事が一段落したので、いよいよハンマムに行くことになった。

「盗難に遭うと困るから、貴重品は持っていかないでね」

彼女がそう言うので、私は必要最小限の荷物を小脇に抱えたのだが、アイシャは樽かと見まがうほど大きなプラスチック製バケツに、タオルや石けん、タライ、ビニールのシートなどを詰めていて、まるで小旅行にでも出るかのような大荷物だ。ハンマムって、いったいどんなところなんだろう。考えてみれば、海外で銭湯に行くのは初めてのことで、私の期待は高まる一方だった。

アイシャと連れだってカサブランカの中心街を歩く。彼女がお気に入りのシャンプーを買うというので、ちょっと遠まわりすることになったのだ。

カサブランカはかなり欧米化が進んでいるようで、大通りにはマクドナルドやピザハットなどのファスト・フードがゴロゴロあった。まったく、アメリカはどこまで世界をアメリカ化するつもりなんだろう。こういう風景を目にすると、自分も普段はアメリカ文化にどっぷり浸かった生活をしているクセに、なんとも言えない複雑な気持ちになってしまう。

ハンマムは、メディナ（旧市街）の中を数分歩いたところにあった。私ひとりで歩いていたら、ここがハンマムだとは絶対気づかなかっただろう。そのぐらい、ハンマムは一見なんの変哲もない建物だった。

入り口から完全男女別になっていて、いかにもイスラム圏の銭湯という感じだ。中に入ると番台があったのでおばさんに5ディラハム（約50円）払い、ウキウキしながら脱衣所へと向かう。

脱衣所は広々としていて、まるで公営プールの更衣室みたいだった。さぁ、フロだ、フロ！　私が意気揚々と脱ぎ始めてスッポンポンになると、アイシャは「オーマイガー！」という顔になっていた。

「てるこ、お願いだから、パンツをはいてちょうだい！」

ええ⁉　風呂に入るのに、なんでパンツを脱いじゃいけないんだ⁉　だがまわりを見まわしてみても、脱衣所で真っ裸になっているのは私だけ。どういうわけかモロッコでは、パンツをはいたままお風呂に入るようなのだ。何がなんだか分からぬまま慌ててパンツをはき直し、いざ、奥のハンマムへ。

一歩、中に足を踏み入れると、そこはまさに女の園だった。

湯気がムワ～ッと上がる中、ぷりぷりした体つきの若い女の子たちが行き交う。薄暗いハンマムには、天井から帯状の光が差し込んでいて、幻想的なムードを醸《かも》し出している。

床一面に敷き詰められた大理石で滑らないよう気をつけながら奥へと進む。女性たちは普段、フード付きのジュラバと呼ばれるロングコートを着ているので、どんな体型なのかがいまいち分からなかったのだが、ここに来て私は初めて知った。彼女たちはみな、ど迫力のダイナマイトバディの持ち主だったのだ。

アイシャとて、その例外ではなかった。さっき彼女の服を着せてもらったときは私と体型がソックリだと思ったのだが、とんでもない、アイシャの体つきはまさにチェロそのものだった。もうバストとウェストとヒップのラインがうねりにうねりまくっていて、曲線のカーブの凹凸がものスゴいことになっている。

よく見ると年配のおばちゃんたちは結構な太鼓腹なのだが、それにしても胸のデカさが半端じゃない。あんな重いモノを毎日ブラ下げていたら、さぞや肩が凝るだろうなぁ！　とついつい思ってしまう。どの女の人も、まるで胸元にボウリングの玉をふたつブラ下げているようなキングサイズの巨乳なのだ。

ハンマムの中は広々としていて、大きく分けて三つの部屋に分かれていた。初めの部屋はひんやり涼しく、休憩室のような感じ。その奥の部屋の壁際には蛇口があり、みなが持参してきたバケツにお湯を入れている。さらに奥へ行くと高温のサウナになっていて、奥へ進むにつれて温度が高くなっているようだ。ハンマムの中は温度差こそあれ、すべてがスチームサウナになっているのだが、どこを見渡しても日本の銭湯のような湯船がない。どうやらハンマムとは、蒸し風呂のことを指すらしかった。あぁ、ザッブーンと湯船に浸かりたかったなぁ！　と思うが、ないものは仕方がない。

湯船に浸かる代わりに何をしているのかというと、おのおの好きな場所に持参のビニールシートを敷いてデーンと座り込み、せっせとアカスリをしているのだった。どの人も満タンのお湯を入れた特大バケツから、ときどきタライでお湯を汲《く》み出して体のアカを流している。ハンマムの中にはアカスリ専門のプロらしきおばちゃんもいて、腰の曲がったおばあちゃんが気持ちよさそうに体を擦《こす》ってもらっていた。

アイシャが私に黒いゼリーのようなモノを渡し、「石けんで擦る前に、まずはこれを全身に擦りつけるといいのよ」と教えてくれる。

黒いゼリーのようなモノは〝ルーサハ〟といい、モロッコの天然ソープなのだという。体につけてみると、ルーサハは普通の石けんのように泡立つのではなく、みるみるうちに溶けてなくなっていく。それでもルーサハをつけると肌がつるつるしだし、確かにアカスリ前につけるのによさそうな石けんだ。

私も早速、アイシャが貸してくれたアカスリタワシに石けんをつけて体を擦り始めたのだが、10分もしないうちに全身を洗い終えてしまった。だが、アイシャは近所の知り合いらしき母娘と談笑したりしながら、全身をくまなく擦り続けている。私たちより先にハンマムに来ていたまわりの女性たちも、いっこうにアカスリをやめる気配がない。それどころか、今度はお互いの体を交互に擦り始め、アカスリはエスカレートする一方なのだ。

隣のデップリ体型のおばさんは、自分の娘の両ももの間に座って、それはそれは気持ちよさそうに全身をスリスリと擦られている。そのうち、おばさんは座イスに座っているかのようにのけぞりだした。その、体の力を抜ききって娘さんにもたれかかっている姿は、トドそのもの。日本の銭湯のように「ちょっと背中を流しましょう」的なノリではなく、体を丸ごと相手に委ね、もうなすがまま、されるがままという感じなのだ。

まわりを見渡してみると、どこもかしこも同じようなことになっている。女たちが、パンツをはいているとはいえあられもなく絡み合い、互いの体をスリスリし合っている様は、ちょっとレズビアンチックな光景ですらあった。もちろん親子や姉妹の間で体を擦り合っているだけなのだが、女の私ですらなんだかクラクラしてきて鼻血を垂らしてしまいそうになる。

アイシャが擦ってくれるというので、彼女の両ももの間に横たわらせてもらう。初めは同性といえども気恥ずかしかったのだが、さすがにアカスリ歴24年だけあって彼女の擦り方は絶妙で、これがなんとも気持ちがいい。同じ女性に体を触られているという安心感が、ここまで心身をリラックスさせてくれるんだろうか。ときどき頬にプルンと触れたりする、彼女の二の腕のプヨプヨ感がやたらと心地よく、私はアカスリの快感に溺《おぼ》れてしまいそうだった。

それにしてもまぁ、アカの出ること出ること！

彼女に全身をくまなく擦ってもらい、今度は私がアイシャを擦ることになった。ところが、やってもらっているときは簡単そうに思えても、なめらかに、かつ、力強く擦るとなると、なかなかうまくいかない。彼女の指導のもと、背中を中心に10分ほど擦っただろうか。アイシャは「オーケー、ありがとう」と言って、またしても自分で自分の体を擦り始めたではないか。

ええ、まだ擦るの⁉　どうやら、初めは自分で擦り、人を擦ってあげて、最後の仕上げに再度自分で擦るというのが、モロッコ流ハンマムのフルコースであるらしい。私はすでに自分の体を擦るのに飽き飽きしていたので、奥の方にあるさらに熱いサウナ部屋で、アイシャのアカスリが終わるのを待つことにした。

「お待たせ！　どう？　たっぷり汗をかいて、気持ち良かったでしょ？」

アイシャがアカスリを終えてやってきたころには、私はのぼせあがってゆでダコみたいになってしまっていた。時計を見ると、ハンマムに来てからすでに4時間が経過している。それでもハンマムを出ると、顔も体もつやつやでコリがなくなっているうえ、自分でもビックリするぐらい気分がさっぱりしていた。モロッコの人たちにとってのハンマムは、単に体を洗う場所というだけでなく、おしゃべりに最適な社交場であり、最大の娯楽スポットなのに違いなかった。

宿に戻ってくると、もうお腹がペコペコだった。

宿には食堂がなかったので、アイシャに「どこかおいしい食堂を知ってる？」と聞いてみると、彼女が微笑《ほほえ》みながら言う。

「今日は金曜日だから、モロッコではどこの家庭でもクスクスを食べるのよ。今夜はてるこのために、私が特別においしいクスクスを作ってあげる！　だから、もうちょっとガマンして」

「ほんと!?　ありがとう！　楽しみだなぁ」

それにしてもクスクスって、いったいどんな料理なんだろう？　初めて聞くそのユーモラスな名前の食べ物に、私は興味津々だった。

日が暮れると、ひとり、またひとりと、いろんな国の旅行者たちが宿に帰ってくる。どの旅行者も狭いドミトリーには引きこもりたくないらしく、ロビーのソファーでくつろぎだす。みんなロビーにたむろしているから、外から誰かが帰ってくると気軽に声をかけ合い、すぐに仲良くなっていく。

「今日は私がクスクスを作るので、よかったらみんなも一緒に食べない？」

アイシャが旅行者たちに向かって言うと、みんなヒューヒューと歓声をあげた。宿に泊まっていたのは私以外全員兄ちゃんで、イタリア人ふたり組に、フランス人に、アメリカ人の青年。どの人もフレンドリーで気持ちのいい人ばかりだ。

中でも私が一番話し込んだのは、アメリカ人のダグ。彼は大学院で国際関係学を専攻している学生で、授業でよく討論をやっているせいか、とにかく声がデカくて威勢がよかった。普通に話していると、いかにもアメリカンな明るい兄ちゃんなのだが、話が世界各地で起きている紛争に及ぶと、途端に熱血漢になるのだ。

「僕はアメリカ人だから、もちろんアメリカを心から愛している。でも自分の国の利益を優先した外交ばかりで、ときどき腹立たしくなるんだよ。アメリカは自分の国のやることすべてを世界の正義だと思ってるところがあるからね」

アメリカ人で、アメリカのことをここまで客観的に語れるヤングがいたとは！　だいたい今まで旅行先の安宿で出会ったアメリカ人はヒッピーっぽい人ばかりで、「『ターミネーター』のシュワちゃん最高だったよね！」なんていう話しかしたことがなかったのだ。

ダグは拳《こぶし》を強く握り、熱い口調で言う。

「僕は将来、国連に入って、世界平和のために働くのが夢なんだ！」

私は、人の口から「国連で働きたい」なんて言葉を聞いたのは初めてだったので、羨望の眼差しでダグを見つめてしまった。私だって世界平和のために働きたいのは山々だけど、何をどうすればいいのかさっぱり分からないのだ。

「ダグのような人が国連に入れば、世界はもっと良くなるね！」

ダグと世界平和について熱く語っていると、買い物から帰ってきたアイシャが、宿の奥にあるキッチンでクスクスを作り始めていた。

クスクスは、特別な料理なだけあって、相当手間がかかるようだった。まず、小麦粉を丸めて小さな粒状にするのだが、その小さなツブツブが、料理の名前にもなっている〝クスクス〟だとアイシャが教えてくれる。

クスクスを丸め終えると、クスクスにかけるシチューを作る準備に入る。二段になっている蒸し器を使って、下鍋でシチューを煮込み、上鍋でクスクスを蒸す。こうすると、下鍋の蒸気で上鍋のクスクスの粒がいい感じに蒸し上がるのだという。

アイシャと台所で盛り上がっていると、宿の旅行者ではない感じのヒゲの兄ちゃんがやってきて、アイシャと親しげに話をしだした。その親密な雰囲気を見て、私が彼女に「もしかして、あなたの恋人なんじゃないの？」と聞くと、アイシャは照れながら「そうなの」と頷いた。

私はちょっと考え込んでしまった。タンジェで遭った事件は、ガイドのおっちゃんが言っていたように、モロッコの男女交際の厳しさからくる男のストレスが原因だと思っていたからだ。

「モロッコでは、結婚する前に、男女が付き合ってもオーケーなの？」

「田舎の方じゃなかなか難しいけど、ここはカサブランカだから。両親にはまだ内緒にしてるけど、私は将来、彼と結婚するつもりだし、結婚を前提としたお付き合いなのよ」

こういうカップルがいたことを知って、私は正直ホッとした。昨日のことは、たまたま起きたことだったのだ。そう思うと、少しは気が楽になったが、タンジェでのことはアイシャには話せなかった。モロッコの男の中にそんな人がいたなんて話をしても、同じモロッコ人である彼女は決していい気持ちがしないだろうと思ったからだ。

アイシャの彼氏の名前はモハメッドといった。いかにもアラブっぽい濃い顔立ちで、小柄なモハメッドは、なかなかひょうきんな兄ちゃんだった。英語が話せないので、身振り手振りでおかしなしぐさをしてみせる。

私は、アイシャを指してハートマークを作り、モハメッドから彼女へと、たくさんのハートマークを飛ばして言った。

「あなたはアイシャにベタぼれなんでしょ」

するとモハメッドは、「ウィ、ウィ（そう、そう）」と頷く。モハメッドは彼女の体を指してちょっといやらしい目つきになり、チェロのような曲線を描いてみせた。

「そりゃアイシャは、ナイスバディだからな！」

何を言わんとしているのかが分かって、私はもう照れ笑いするしかなかった。アイシャが「もう、バカ！」なんてことを言いながら、彼を軽く叩《たた》く。すると、モハメッドはアイシャを抱き寄せ、頬にブチューッとキスしだすものだからたまらない。私はふたりのラブラブぶりに当てられっぱなしだった。

と、そのとき、宿に入ってきた日本人を見てハッとした。彼は昨日フェリーの中で出会った、ひとり旅の青年だったからだ。「あぁ、こんにちは！」とお互い声をかけ合って、再会を喜んだ。

彼は塚田くんといい、東京芸術大学の学生で、私と同い年だった。彼もフェリーで聞いたYMCA話を思い出し、この宿にやってきたのだという。塚田くんは、「自分は、自分は」と主張するタイプでは決してないのだが、骨太な芯のある、自分をしっかり持っている人だった。笑うと銀縁メガネの奥の優しい目が線になり、話しているだけでどこかホッとしてしまう。

塚田くんの人のいい雰囲気につられて、気がつくと私はそれまで誰にも話せなかったタンジェでのことを話し始めていた。彼は本当に聞き上手で、ちゃかしたりすることなく、私の話に真剣に耳を傾けてくれた。

「確かに男の僕でもタンジェには参ったからなぁ。でも、きっとタンジェだけのことだと思うよ。あそこはモロッコで一番ヨーロッパに近いから、いろんな価値観が渦巻いてる街なんだよ」

話を聞いてもらっただけだというのに、私の胸はずっと引っかかっていた魚の小骨が取れたようにスッキリしていた。

ふと気がつくと、モハメッドの姿がない。アイシャに聞くと、用があるので帰ってしまったのだという。私が「彼はどういう仕事をしてるの？」と尋ねてみると、彼女はちょっと小声になった。

「彼は、そのぅ、政府が嫌いなの」

えぇ!? 「政府が嫌い」なのが仕事!? それってレジスタンスってこと!? それとも何かの運動家!? モハメッドはいったい何者なんだ!? 私はめちゃめちゃ気になったのだが、彼女の方はどうもあまり話したくないムードだったので、それ以上突っ込んでは聞かなかった。

そうこうしている間にクスクスが出来上がり、旅行者たちが丸テーブルを囲んでのにぎやかなディナーが始まった。

クスクスは、直径が50センチはあるかと思われるどデカい大皿に、こんもりと盛りつけられていた。蒸した小麦粉の小さなツブツブを皿いっぱいに広げた上に、チキン一羽分まるまるの胸肉のかたまりと、トマトや豆などの野菜を煮込んだシチューがドドーンとかかっている。クスクスは私が今まで見た中で、一番ダイナミックな料理だった。

アイシャがクスクスの食べ方をみんなにレクチャーしてくれる。取り分け皿やスプーンはなく、デカい皿に直接手を突っ込んで食べるのだが、これがなんとも難しい。クスクスの小麦粉の粒は小さく、丸くて直径1ミリ程度しかないのだ。手の中で丸めようにも、なかなかまとまってくれない。

　なんとか口の中に運んでみると、このクスクスの美味いこと！　マイルドな味つけが絶妙で、モロッコの家庭料理のレベルの高さに感動すら覚えてしまう。

「アイシャ、これマジでうまいよ〜！」

　大勢で同じ皿を囲んで食べるクスクスは、日本の鍋のような雰囲気の食べ物だった。みんなで和気あいあいムードの中で食べると、美味いものがより一層おいしく感じられる。

うまい、うまい、と調子に乗って食べていると、だんだんお腹が張ってきた。モロッコ版〝おじや〟のようなクスクスは、胃の中でさらに水分を吸って膨らむようなのだ。みんな相当頑張って食べるが、あと1人前ほど残し、その場にいた全員が、もうダメ！　入らん！という感じになってしまった。私は普段、食べ物を残したことがない人間で、友人たちにも〝片づけのテル〟として知られているほどなのだ。それでも、このクスクスの量とふくれ具合には降参だった。

　アイシャが顔をしかめて言う。

「大の大人が6人も揃ってて、こんなに残すなんて……。世界には、食べたくても食べ物がない人がたくさんいるのよ。みんなであとふたくちずつ食べれば、絶対食べきれるはずよ」

　アイシャは自分の手でクスクスを丸くまとめ、みんなの口元へと運びだした。彼女にそうやって優しく食べさせてもらうと、まだ食べることができるから不思議なものだ。大きな体つきのダグや他の兄ちゃんたちも、おとなしく口をカパッと開け、クスクスを放り込まれては口をモグモグさせている。アイシャに口元までクスクスを運ばれて、シャイな塚田くんは顔が真っ赤になるくらい照れまくっていた。まるでツバメのお母さんが子どもにエサを与えているような光景で、おかしくて仕方がない。アイシャの計らいで大皿は見事空っぽになり、私たちはもう動けないぐらいお腹がパンパンになってしまった。

夜も更《ふ》けてきたので、みなそれぞれの部屋に戻る。私とアイシャは、向かい合った二段ベッドの下段にそれぞれ横になった。電気を消してからも、初めのうちはお互いの家族の話をしたりして盛り上がっていたのだが、連日の睡眠不足もあって頭がもうろうとしてくる。疲れ果てていた私は、いつのまにか眠ってしまった。

夜中、部屋の中でゴソゴソという物音がした。眠すぎてとても起きる気にはなれなかった私は、目を閉じたまま言った。

「アイシャ、捜し物があるんだったら、遠慮なく電気つけてね」

だが物音はなくならず、気のせいか、私の近くに人がいる気配がする。こんな時間にアイシャは何をしているんだろうと思って目を開けてみると、なんと私の顔と10センチも離れていない距離に、ヒゲ面の男の顔があるではないか！

ヒィーッ!! と声をあげようとするが、あまりの恐怖で声が出ない。よく見ると、その男はアイシャの恋人のモハメッドだったのだ!! いったい全体どういうこと!?

モハメッドはすでに私の上に乗っかっていて、ものスゴい勢いでキスを迫ってくる。馬乗り状態になっている彼に対して、私は子どもに飛行機ごっこをやるときのような恰好《かっこう》で懸命に抵抗した。

モハメッドと取っ組み合いになりながら、部屋の中にいるはずのアイシャを捜すが、どういうわけか彼女の姿がない。アイシャはどこに行ってしまったんだ!? 確か、親戚が近所に住んでいてクスクスの大皿もそこで借りたと言っていたから、皿を返しに行ってそのまま向こうで寝てしまったんだろうか。

それにしてもこの男、ちょっとヤバいかもと思ってたら案の定だ。あんなに彼女のことを愛していると言っていたクセに、出会ってまもない外国人の女の寝込みを襲うだなんて、まともな人間のやることじゃない。アイシャはこの男にダマされているんだ！ 日本でも、高校のとき勉強ばかりしていたウブな女の子が、大学進学で東京デビューを果たした途端、ダメ男に酷《ひど》い目に遭うというのは結構よくある話だ。真面目《まじめ》に生きてきた女の子ほど、ワルにハマるとヤバい。人のいい彼女のことだ、地方から出てきてカサブランカ・デビューを果たし、ワルの匂いがプンプンするこの男に、母性本能をくすぐられてしまったのに違いない。

モハメッドと格闘しながらも、私は自分でも驚くほど冷静だった。大声で「ヘルプ・ミー!!」と叫べば、私の声が旅行者たちの耳に届く自信があったからだ。この宿の各部屋にはドアがついているのだが、ドアの上に大きな隙間《すきま》があって、完全な密室にはなっていない。昼間も大きな声を出せば、この部屋から向こうの部屋にいるダグと話ができるぐらいだったから、静かな夜ならもっと声が響くに決まっている。

私はいつでも大声をあげて、助けを呼ぶことができた。でも、敢えてそうしなかったのは、助けを呼んだばっかりに、後でアイシャが恥をかくことになってはいけないと思ったのだ。この宿には、アイシャの他にも宿の責任者のおじさんや掃除のおばさんがいたし、夜中、旅行者に襲いかかるような男を昼間連れ込んでいたとなると、彼女がクビになる可能性もある。あんなに優しくしてくれた彼女のことを傷つけたくなかった。私はアイシャを守ろうと必死だった。

とにかく部屋の外に逃げるしかない！　外には共同トイレや共同シャワーがあるから、逃げ込んで中からカギをかけてしまえばいい！　モハメッドが体のバランスを崩した隙に、私は全身の力を振り絞って彼を押しのけた。ダッとドアの方へ駆け寄ろうとするが、リュックにつまずき足がもたついてしまう。

　すると、モハメッドは絶対死なないターミネーターのようにムクッと起き上がり、私の体をガバッとつかむと、両手で軽々と抱き上げた。私はかなりがっしりした体格だというのに、彼はまるで、重さなど微塵《みじん》も感じないロボットのようだった。一大決心で逃げ出したはずが、私はあれよあれよというまにお姫様だっこで運ばれ、何事もなかったかのようにベッドの上に戻されていた。

　その後は、逃げ出してはベッドの上に連れ戻されるの繰り返しだった。私がドアの方に行きかけると、ガシッと体をつかまれる。そして楽々と持ち上げられて、ベッドの上に戻されてしまうのだ。この男の頭の中には、〝逃げる女をベッドへ運ぶ〟という一連の動作がプログラミングされているのに違いない。私はその機械的な動きを見て、「あんたはセックス・マシーンか⁉」と心の中でツッコまずにはいられなかった。

　モハメッドは私よりも背が低く、見た目はそんなに力があるように見えないのだ。だが、こう何度も私を持ち上げて運んでいながら、息が少しも切れないところをみると、相当の怪力男だということだけは確かなようだ。彼はヒゲ面《づら》の濃い顔でも愛嬌のある顔立ちだったので、なんだかお互いやけくそになってドリフのコントでもしているような気分になる。

　激しい攻防戦が延々1時間以上続いた。逃げられないとなると、身ぶり手ぶりで説得するしかない。私はモハメッドに乗っかられたまま、昼間やったように「アイシャ！　アイシャ！」と言い、ハートマークを作って彼の胸に持っていった。

「あなたはアイシャが好きなんでしょ⁉」

　すると、モハメッドはニコニコ顔で自分の胸元でハートマークを作り、「てるこ！　てるこ！」と言いながら、私の胸の前に持ってくるではないか。

「オレはてるこが好きなんだ‼」

　なんだそれ⁉　調子がいいにもほどがある。いったいこの国の男はどうなってるんだ⁉　頼むから、寝させてくれよっ‼

　ただでさえ寝不足で疲れ果てていたところに、この激しい攻防戦なのだ。しかも、こんな非常時だというのに、私は強烈な睡魔に襲われてしまい、何度も意識を失いかけた。すでに全体力を使い果たしていた私は、限界をはるかに超えたステージで格闘していた。眠ってはイカン‼　私は雪山で遭難した人の如《ごと》く、自分を必死に励ました。

　左手の薬指を指して指輪の形を作り、「私は日本に恋人がいるから、こんなことは許されないんだ！」と懸命に訴えてみる。だが、モハメッドは自分のモノをズボンの上から指し、「ジャポネ、ノー！　アラビア、ナンバーワン！」と自信満々だ。

　こうなったら、奥の手を使うしかない。激しい格闘の末、私は「アァッ‼」と短い大声をあげてみた。すると、モハメッドはさすがに他の人たちにバレるとマズいと思ったのか、身を翻し、ものスゴい勢いで部屋から逃げ出していった。ドアに走り寄り、内カギをガシャッとかける。心臓がドックンドックンと音を立てていた。ショックは大きかったが、それをはるかに上まわる眠気が襲ってくる。私はベッドに倒れ込み、そのまま意識を失うように眠ってしまった。

爆睡している私の耳元で、誰かが私を呼ぶ声がする。私は「ハッ！」となって飛び起きた。またモハメッドが部屋に忍び込んできたのかと思ったのだ。だが、私の予想に反して、部屋の中にすっくと立っていたのはアイシャだった。

「アイシャ！　いったいどこに行ってたの!?　心配してたんだよ！」

アイシャは私の質問には答えず、低く絞り出すような声で言った。

「さっき、モハメッドがここに来たでしょ」

その言葉を聞いて、私は心臓が弓矢で射貫《いぬ》かれたようにドキン！　としてしまった。どうしてそれを!?　まさか、アイシャはモハメッドがこの部屋から出ていくのを見てしまったのか!?

見られてしまった以上嘘はつけないと思い、私は起き上がってベッドの端に腰掛け、洗いざらい正直に話した。

「来るには来たけど、私たちは本当に何もなかったんだよ。どうか私を信じて」

彼女は私の隣に腰掛け、小さな子どもに話しかけるように言う。

「てるこ、どうして彼がイヤなの？」

ええ⁉　一瞬、私は自分の耳が壊れたのかと思った。それとも頭の中の翻訳機がブッ壊れたのかっ⁉　い、今、なんて⁉　茫然《ぼうぜん》自失状態で口もきけない私に、彼女が追い打ちをかけるように言う。

「彼はとてもナイスな男よ。分かるでしょ？」

背筋がゾーッとして、全身に鳥肌が立った。まさか、彼女はすべて承知のうえだったのか⁉「分かるでしょ？」と言われても、私が知っているのはモハメッドが〝バカ力の持ち主〟だということだけだ。

私は彼女に詰め寄った。

「どうして⁉　なぜ彼を怒らないの⁉　彼はあなたの恋人なんだよ‼」

「てるこ、どうか落ち着いて。話を聞いてちょうだい」

これが落ち着いていられるかっ！　と思いつつも、寝ている人たちを起こしてはイカンと思い、私は深く息を吸い込んでなんとか呼吸を整えた。

彼女は私の肩に手を置き、優しく抱き寄せて言う。

「私は昨日、あなたのような人に出会えて、本当に嬉しかったわ。私はラブリーなあなたのことが大好きなの」

「私もアイシャに出会って、女の子の友だちができて、本当に嬉しかったよ」

私がそう応えると、アイシャはゆっくり、説明するように話す。

「そして、私はモハメッドのことも大好きなのよ」

ウンウン、それもよく分かる。

「そしてね、モハメッドもあなたのことが大好きなの」

「ちょっ、ちょっと待ってよ！　それでどうして、彼が私の寝込みを襲ってもいいってことになるの⁉　そんなのおかしいよ！　だって、私の気持ちは？　私は彼が好きじゃないんだよ！」

「私の恋人なのに、あなたは彼が嫌いなの？」

彼女は大きな目を丸くしている。

「違う、違う！　嫌いって、その、人間的に『大キライ！』とかっていう問題じゃなくて、男として好きじゃないってことだよ！」

私は自分の気持ちを説明するのに必死だった。だが、アイシャは「どうして分かってくれないの？」という感じで私を諭す。

「私はあなたが好き。あなたも私が好き。私は彼が好き。だから、私は大好きなあなたに、私の大好きな彼をプレゼントしたいのよ」

ハァ〜ッ？　そんな理屈あるか？　ていうか、それって理屈か⁉　だいたい、なんでアイシャが私にモハメッドを受け入れるよう説得してんだ⁉　私は混乱して、頭がどうにかなってしまいそうだった。

こうなったら違う戦法でいくしかない。

「私はね、日本にちゃんと恋人がいるんだよ。彼は私にとって大事な人だし、彼も私を大事にしてくれてるんだよ。そんなことになったら、彼に申し訳ないじゃない。ね？　分かるでしょ？」

「そんなの黙っておけばいいじゃない。誰だって胸の中にひとつやふたつ、人に言えない秘め事があるものよ。てるこ、バレない嘘は真実なのよ」

私の貞操観念あふるるセリフは、バッサリ一刀両断にされてしまった。ここまで言われてしまうと、なんだかおかしいのは自分のような気がしてくる。彼女の言葉のひとつひとつは、確かに間違ってはいない。どう考えても、さっきから興奮しているのは私の方で、彼女は冷静そのものなのだ。私の方がおかしいのか⁉　プレゼントは喜んで受け取っておくべきものなのか⁉　それが人としての礼儀なのか⁉

いや、違う‼　私の生まれ育った国の価値観では、そんなこと、あってはならないことだったはず。でも、その価値観って、いったいなんなんだ？　誰が決めたもので、誰から教わったものなんだ？　価値観ではダメとされてる浮気だって、全然珍しくないじゃん！　それに、昔の日本では夜ばいも正当な求婚の方法で、健全な風習だったたって、何かの本で読んだことがあるぞ。いや、夜ばいがいいか悪いかの問題じゃない。今大事なのは、私自身の気持ちではないか！

アイシャの私を見つめる瞳はまっすぐで、彼女の気持ちに嘘はないことが伝わってくる。彼女が、私によかれと思ってモハメッドを勧めていることだけは間違いないようだった。

「アイシャ、日本では、いくら仲が良い友だち同士でも、自分の恋人を友だちにレンタルしたりしないんだよ」

「てるこ、私だってどの人にも、彼をレンタルしたいわけじゃないわ。こんなこと、本当に初めてなの。私が妹のようにかわいいと思っている、あなただからなのよ」

いやっ、それはどうも、これで私たちは晴れて本当の姉妹に、って、そうじゃないっつうの‼　うぐぐ……いったいどう話せば分かってもらえるんだ⁉

「私は恋人もいるし、ホント、別に男に困ってないんだよ。アイシャ、頼むから私の気持ちを分かってよ」

何をどう言っても、アイシャは引き下がらなかった。

「てるこ、あなたこそ、私の気持ちを分かってちょうだいよ。私があなたによくないものを勧めるとでも思って？　モハメッドは男として本当にグレートよ。彼の素晴らしさは、私が100パーセント保証するわ」

それにしても、ここまで彼女に言わしめるモハメッドって……。でも、こういうのって、相性の合う合わないがあるしぃ〜、って、そうじゃないだろ!!　ナニ興味そそられてんだよ!!　だが、心では拒絶しつつも、今まで好奇心の赴くままに生きてきた私は、彼女の話に関心を示さずにはいられなかった。

「そ、そんなにスゴいんだ……」

アイシャはうっとり夢見るような顔になった。

「あぁ、なんて表現すれば伝わるのかしら！　とにかく彼にまかせたら、あなたは今夜、名ダンサーとなって、ひと晩中、踊り続けることになるでしょうね」

ダンサーだぁ!?　しかも、エンドレスで踊り狂うとは何事だっ!!　みんな、いったい夜なにやってんだ!?　私が知らないだけで、他の人たちはスゴいことになってんのか!?　考えてみれば、自分以外の人たちがどんなことをしているのかは、一生分からない永遠のナゾなのだ。

1時間以上アイシャに説得されているうちに、私はあまりの眠気とだるさで意識が遠くなり始めていた。正直、起きているだけでも相当辛《つら》いのだ。よく刑事ドラマで、冤罪《えんざい》の人が取り調べに疲れてつい自白させられてしまうシーンが出てくるけど、私の気分はまさにあれと同じだった。早くラクになりたい一心で、何度「分かりました、後はおまかせします」と言ってしまいたい衝動に駆られたかしれない。だが、ここでウンと言ってしまったら最後、そのまま寝させてもらえるわけではなく、私はダンサーとして踊り続けるハメになってしまうのだ。壮絶な眠気と疲労感に襲われつつも、頬をギュッとつねって応戦した。

「アイシャ。私はさ、世界中の、自分の知らない、いろんな国を旅したいだけなんだよ。そんなアバンチュール、望んでないんだってば」

「あら、それは違うわ。あなたは今夜、今までに行ったことのない、未知の世界を旅することになるのよ。そして、そこで一生忘れられない、めくるめく体験ができるの。まるで、天国に行ったような気分を味わえるはずだわ」

そこまで言い切るだなんて、いったいどんなテクニックなんだろう？　ちょっとその天国、行ってみたいかも、と思わず身を乗り出しかけてしまうが、イカン、イカン!!　しっかりしろ、てるこ!!　こんなことに応じてたら、それこそ貞操パンツが何枚あっても足りやしない。それに、私が今一番欲しいのは、天国でもめくるめく体験でもなく、ただの睡眠なのだ。ぐったり疲れ果てているところに、こう何度も起こされては体がもたない。

「私の最高の人なのに、どうして⁉」

アイシャの語気が荒くなってきた。このムード、なんかヤバい！　彼女にとって自分の恋人を拒絶されるということは、男を選ぶセンスがないと言われているのも同然であるらしく、私がかたくなに拒めば拒むほど、彼女のプライドを傷つけてしまうようなのだ。これ以上の話し合いは、どう考えても無意味だった。あぁ、私は今まで「話せば分かる！」をモットーに、犬養毅《いぬかいつよし》スタイルで生きてきたっていうのに……って、犬養毅、やっぱ殺されちゃってんじゃん‼

こうなったらもう、布団を被って寝てしまうしかない！

「お願い‼　頼むから、私を寝かせて。話はまた明日ゆっくり聞くから！　ね！」

私はそう言い放つと、ダッとベッドに横になり、頭からすっぽり布団を被ってしまった。

ベッドに入っても、私の興奮はすぐに収まりそうもなかった。

友人からジョーダンで、「たかのは『フェロモン』じゃなくて『ヘンナモン』出してるよね」と言われてしまうほど色気とは縁遠い私なのに、どうして毎日次から次へとこんなことが起こるんだろう⁉　まるで、エントリーした覚えもないのに、たったひとりでリビドーの障害物競走に参加してしまったような気分だった。

ああもう本当に、何がなんだか分からない。分かったのは、世の中にはいろんな人がいて、いろんなカップルがいるということだけだ。性癖は人の数だけあり、凡人である私には知る由《よし》もない。なぜこんなことになったのか考えても私に分かるわけがないし、そんなこと、分かりたくもなかった。

私は何も考えず、寝てしまうことにした。ただ、今度目が覚めたときには、ヒゲ男の顔が私の顔の真ん前にないことだけをひたすら祈りつつ。

偽装カップルツアー

朝早くに目が覚めてしまった。時計を見ると、まだ朝の7時すぎだ。

アイシャとの長い不毛な話し合いが終わったのは朝の4時ごろだったから、ほとんど寝ていないことになる。その後ベッドに横になったものの、うとうとしては「ハッ!! 今なにか物音がしたんじゃ⁉」と思っては飛び起きるの繰り返しで、眠るどころの騒ぎではなかったのだ。

向かいのベッドに目をやると、アイシャの姿はなかった。昨夜のことがまるで夢の中の出来事のように思えてくる。夢ならどれだけいいだろうと思うが、体の疲れ具合から考えても、夢でないことは間違いなかった。

それにしても、これからどうしよう。先のことは分からないにしても、とりあえずここから逃げなければ！　正直言って、カサブランカにもこれ以上いたくなかった。今すぐカサブランカを発《た》ってしまおう！

いや、ちょっと待て。ここから逃げたとしても、また同じような目に遭うんじゃないか⁉

2回目までは、たまたま起きたことだと思うようにしていたつもりだけど、3回だぞ、3回！

どう考えても、このままモロッコをひとりで旅するとなると、また同じようなことが起こる気がしてならなかった。いったいどうすればいいんだろう。そうだ、この宿に泊まっている誰かに、一緒に来てもらえばいいんだ！　昔から〝旅は道連れ〟というではないか。そうすれば、カップルだと思って誰も手を出してこないはずだ。

でも〝誰か〟って、誰だ？　そんなことお願いできそうなのは、ダグか塚田くんしかいなかった。ふたりのうち、どちらにお願いしようか、しばし悩んでしまう。ボディガードにピッタリなのは大柄なダグだと思うが、聞き上手で、一緒にいて安心できるのは塚田くんだ。

あぁ！　なんてこった。私は男から逃げようとしているのに、男を連れて逃げようとしているのだ。男を避けるためには、男にそばにいてもらう必要があるだなんて！　今までいろんな国を旅してきて、たまたま旅先で出会った日本人と仲良くなることはあっても、「一緒に旅立ってほしい！」なんて頼むのは初めてのこと。

それでもなんでも、とにかくあんな目にはもう二度と遭いたくなかった。せめて今夜だけでも、何も考えずにゆっくり眠りたい。そう考えると、ダグと世界平和について語り合いたいのは山々だったが、彼のネイティブな英語は速すぎてとてもついていけそうにないし、今の私には、世界平和を考える心のゆとりはなかった。自分がピースな気持ちでもないのに、世界平和のことなんて本気で考えられるわけがないのだ。

世界の幸せは、まず個人の幸せから!! そうと決めたら、即行動だ！

塚田くんが寝ている男性専用ドミトリーへと向かい、ドアを押してみる。どこの宿でもたいていそうであるように、大部屋にはカギがかかっていなかった。真っ暗な部屋のあちらこちらから、男たちの寝息やいびきが聞こえてくる。塚田くんの姿を捜すと、彼は入り口に近い二段ベッドの下段でぐっすり眠っていた。起こすのは忍びなかったが、私はベッドの前にしゃがんで彼に声をかけた。

「塚田くん、塚田くん」

昨夜、みんながそれぞれの部屋に戻ったのは12時すぎだったし、彼も昨日カサブランカに着いたばかりで相当疲れているんだろう。彼はムニャムニャ言ってばかりでなかなか起きてくれなかったので、私は小声で出せる最大の声を出した。

「ねぇ、塚田くん！　頼むから、起きて！」

眠そうな目をこすりながら、ようやく目を開けた彼は、目の前に私の顔があるのを見てギョッとした顔になった。

「え!?　アレ？　どうしたの？」

私は深く息を吸い込んで言った。

「わけは後で話すけど、その、とにかくいろいろあって、私と一緒に旅立ってもらえないかな」

朝っぱらから寝込みを襲われてそんなことを言われた塚田くんは、アゴが外れそうになっていた。それでも彼は男のドミトリーに忍び込んできた私を見てただ事ではないと思ってくれたらしく、「分かった、荷物をまとめるから30分待って」と言ってくれた。

早朝でまだ誰もいない、静まりかえったロビーで塚田くんを待つ。すると、どこからともなくアイシャが現れ、私に声をかけてきた。

「てるこ、昨夜はごめんなさいね」

そう言われても、私はなんと言葉を返していいのか分からなかった。

「あなたにも事情があるのに、こちらの気持ちばかり押しつけてしまって、本当にごめんなさい。どうか私を許して。それと、モハメッドのことも」

なんとも言いがたい複雑な気持ちが、胸の奥底からこみ上げてくる。私は彼女の顔を直視することができなかった。

「でもね、これだけは信じてちょうだい。私があなたのことが大好きなのは真実だし、あなたを苦しめるつもりはなかったのよ」

彼女の言葉のひとつひとつが胸に突き刺さって、痛いぐらいだった。アイシャに対する親近感と、それと同じくらい強い嫌悪感とが、心の中で激しく入り乱れる。本当は、彼女ともっと仲良くなりたかったし、楽しい時間をもっともっと一緒にすごしたかったのだ。でも、彼女のことが好きだった分、ショックは大きかった。裏切られたような気持ちになった事実は覆《くつがえ》せない。

それでも不思議と彼女に対する怒りは感じなかった。私はようやく顔を上げ、アイシャの目を見て言った。

「気持ちは、よく分かったよ」

彼女の大きな目には涙がにじんでいた。その涙を見ていると、私は彼女がモハメッドに騙《だま》されているとしか思えなかった。プレイボーイの彼に言いくるめられて、私を説得させられていたんじゃないだろうか。だとしたら、私はなんとか彼女の洗脳を解いてあげたかった。

「ねえ、アイシャ。やっぱりモハメッドのやったことは普通じゃないよ。アイシャには、もっといい人が見つかるはずだよ。あんな人、別れちゃった方がいいよ」

私がそう言うと、彼女は哀しそうな顔になった。

「てるこ、お願い。彼のことを悪く言わないで。彼はああいう人だけど、良いところもいっぱいある素敵な人なの。私にはどうしても、彼が必要なのよ」

男に夢中になっている女に何を言っても無駄だ。私はアイシャにサヨナラを言うしかなかった。

「私は今朝、カサブランカを発つことに決めたよ」

「てるこ、本当に行ってしまうの⁉　私のせいなのね？　昨日みたいなことは絶対ないって約束するから！　お願い、行かないで！」

彼女は懸命に引き留めようとしたが、私の決心は揺るがなかった。昨日のことは、どう努力しても、なかったことにはできないのだ。

複雑な気持ちを全部飲み込んで、私は最後の言葉を口にした。

「アイシャ、いろいろありがとう」

彼女は私を抱きしめ、親しい間柄でしかしない頰と頰を寄せ合うキスをしてくれた。柔らかい頰が私の頰に触れると、ふわ〜っと彼女の甘い匂いがしてくる。アイシャは私をギュッと抱きしめて、その腕をなかなか離そうとはしなかった。

彼女に優しくハグされていると、楽しかったことが次々と蘇ってくる。優しかったアイシャ。昨日この宿に着いて、チャーミングな彼女に出会えて、心細かった私はどれだけ嬉しかったことだろう。

彼女が自分の民族衣装を見せ、まるでお姉さんのように振る舞いながら私に着せてくれたこと。村に住んでいる家族の写真を見せ、「いつか私の村に絶対遊びにきてね！」と言ってくれたこと。一緒にハンマムに行って、お互いの体を擦り合ったり、ふざけ合ったこと。私のために3時間かけておいしいクスクスを作ってくれたこと。クスクスを残した私たちを叱《しか》り、優しく食べさせてくれたこと。短い間だったけど、私たちはたくさん笑い合った。たくさん話もしたし、一緒においしいものも食べた。彼女のことを憎む気持ちはなかった。他のすべては〝まとも〟そのものだったアイシャ。私たちはただ一点、分かり合えなかっただけだ。

宿の外に出てみると、大通りには通勤途中らしい男たちの姿がチラホラあった。

私と塚田くんは、とりあえず長距離バスのターミナルに向かって歩きだした。彼も特になんのプランもないというので、バス停に着いてから行き先を決めることにしたのだ。

バスターミナルへの道すがら、私は昨日、自分の身に降りかかった悪夢のような出来事の一部始終を、塚田くんに話した。

「なんか信じられない話だね。いや、その、話はもちろん信じるけどさ、彼女、あんなに感じのいい人だったから……」

「だから、よけいに混乱しちゃってさ。で、塚田くんが一緒に来てくれれば有り難いなぁと思って」

「僕は海外をひとり旅するのは今回が初めてだけど、国内を旅するときはいつもひとり旅だし、こういうのも楽しくていいよ。昨日もたかのさんに出会えたおかげで、あんなにおいしいクスクスまで食べられたしさ」

塚田くんは、私によけいな気を遣わせないよう、言葉を選んで話してくれる。彼のさりげない優しさに、私は救われたような気がした。

長距離バスのターミナルに着くと、ちょうど一台のバスが出ていくところだった。ゆっくり前進しているバスに向かって大きく手を振る。カサブランカから逃げられるのであれば、行き先はどこでもよかったのだ。

バスがスピードを落とし、前方のドアから車掌の兄ちゃんが叫ぶ。

「エッサウィラ！　エッサウィラ！」

駆け足でエッサウィラ行きのバスに乗り込むと、バスはメインロードを走りだした。

私は窓際に座り、カサブランカの白い街並みが後ろの方に流れていくのを黙って眺めていた。モロッコの伝統様式とヨーロッパ風のデザインが溶け合ったような白い建物が、ビュンビュン遠ざかっていく。そのうち私はバスの揺れが心地よくなってきて、いつのまにか眠ってしまった。

ときどき目を覚ますと、バスは大西洋沿いの道を走ったり、小さな家々が点在している農村を通ったりしていた。途中、バスは何度か停まって休憩を入れていたようだったが、私はそのたびにほんの少し目を覚ましては、またフーッと吸い込まれるように意識を失ってしまうのだった。

目を覚ますと、窓の外には緩やかな弧を描いた海岸線が広がっていた。海が太陽の光を浴びてキラキラと輝いているのが見える。反対側の車窓を見ると、真っ白の壁にブルーの窓という色鮮やかな組み合わせの家々が連なっていた。なんてきれいな街なんだろう！

しばらくすると、バスはエッサウィラの長距離バスターミナルに着いた。7時間まるまる爆睡したおかげで、頭がかなりすっきりしている。

乗客たちがバスを降りていくのに従い、私たちも出口へと向かう。前にはふたりの女の子を連れたお母さんがいて、少しもたついていた。見ると彼女のジュラバ（フード付きの長いコート）が座席の肘掛けにひっかかってしまっていた。私が「エクスキューズ・ミー」と言ってそのひっかかりを取ってあげると、彼女は「サンキュー」と言ってにっこり微笑んだ。

バスを降りて、預けていた荷物が出てくるのを待つ。バスの下部にはトランク・ルームのような場所があり、大きな荷物はそこに預けることになっていたのだ。

「あなたたちはどちらの国から？」

さっきのお母さんがきれいな英語で話しかけてくる。

「日本からです」

「エッサウィラにようこそ！　私たちはエッサウィラに住んでいるのよ。カサブランカの親戚の家から帰ってきたところなの」

お母さんがとても感じのいい人だったので、くたびれ果てて縮こまっていた私の胸に、新しい街に降り立ったときの、あのワクワク感がこみ上げてくる。

「バスから見えたエッサウィラの青い窓の白い家々が、あんまりきれいだったんで驚きましたよ。しかも、あなたの服までエッサウィラ・カラー！」

青いアラブ版ロングドレス姿のお母さんは、声をあげて愉快そうに笑った。

「この港町は、白と青を基調にして造られているのよ。モロッコはどの街も、その街に一番ふさわしい色で統一されているの」

「それにしても英語がお上手ですねぇ。どうしてそんなに流暢なんです？」

「私は長い間、英語の教師をしていたの。私の夫は今も教師なのよ」

それで英語がペラペラなんだ。彼女の横にいる優しそうなご主人は、片手で小さな女の子を抱え、もう一方の手で上の娘さんと思われる女の子と手をつないで立っていた。

お母さんがご主人となにやら話し、私たちの方を振り向いてにこやかに言う。

「今日はバタバタしてるんだけど、よかったら明日のお昼、うちに遊びにこない？　私が腕をふるって、あなた方にクスクスをごちそうするわ」

なんという有り難い申し出！

「ほんとですか！　アレ？　でも確かクスクスって、金曜日に食べるものじゃ……」

私がそう言うと、彼女は笑いながら言った。

「よく知ってるわね。金曜日は私たちイスラム教徒の安息日で、大礼拝を行う特別な日なの。だから、特別料理であるクスクスを家族全員で食べるのよ。でも、あなたたちを歓迎する日も私たちにとって特別な日だから、私にクスクスを作らせてちょうだいね」

お母さんはこちらが理解できるようゆっくり話してくれるから、説明がとても分かりやすかった。さぞかし生徒に慕われていた先生だったんだろうなぁと思う。彼女は私のメモ帳に英語でアドレスを書き、行き方を丁寧にアラビア語で書いてくれた。

「もし迷ったら、アラビア語の方を人に見せて尋ねるといいわ。そんなに入り組んだ場所じゃないから、すぐに分かるはずよ。じゃあ明日会えるのを楽しみにしているわね！」

カサブランカを逃げるように出てきた私は、着いた途端、この街にウエルカムしてもらえたような気がして胸が躍った。あんなにへこんでいたというのに、いつのまにか元気を取り戻している自分に気づく。いいファミリーとの出会いが、曇っていた心をパァーッと一気に晴らしてくれたのだ。

翌朝、私と塚田くんは、昨日出会ったファミリーの家へと向かった。

メディナ（旧市街）の目抜き通りの道幅は広く、まっすぐ一直線に延びている。白い壁にブルーの窓の建物が立ち並んでいて、今まで見てきた細い迷路のようなメディナとはえらい違いだ。

通りの両側には、色鮮やかな野菜や木の実、魚介類、肉といった食材の専門店がぎっしり並んでいた。ときおり、真っ白な民族衣装を頭からスッポリ被った女性や、黒いベールから強い眼差しをのぞかせた女性が通りすぎていく。地元の買い物客に混じって、旅行者ではなさそうな西欧人の姿もチラホラ目につく。どうやらこの街には、長期滞在している白人がかなりいるようだ。

メディナの大通りを一本裏に入ると、真っ白な壁の建物が連なる、閑静な住宅街になっていた。真っ青に澄みきった空と、純白の街並み。石畳の路地を歩いていると、遠くの方から潮騒が聞こえてくる。

お母さんに描いてもらった地図を片手に、人に道を尋ねながら歩いていくと、ファミリーの家はすぐに分かった。ドアが開きっぱなしになっていたので「アッサラーム・アライクン（こんにちは）」と声をかけると、お母さんが顔をのぞかせた。

「いらっしゃ〜い。よく来たわねぇ」

6畳ほどの居間に通され、お父さんと小さな娘さんふたりに迎えられる。彼はいかにもマイホームパパという感じで、小さい方の娘さんを膝に乗せていた。

お父さんが私たちに聞いてくる。

「きみたちは結婚してるのかい？」

「いや、たまたま旅先で出会って、一緒に旅することになったんです」

「そうなのか。僕はてっきり新婚カップルかと思ってたよ」

私は気になっていたことを質問してみた。

「やっぱりモロッコじゃ、結婚してない男女が一緒にいるなんて、ありえないことなんですか？」

「もちろんだよ！　僕と奥さんは同じ学校に勤めていて出会ったんだけど、結婚するまでは手も握ったことなかったよ」

昨日のカップルとは雲泥の差だ。

今度はお父さんが「日本では、結婚前でも自由に付き合ったりしてるのかい？」と聞いてくる。

「ええ、そりゃもう！」と言いかけて、私はその言葉をグッと飲み込んでしまった。いったいどう言えばいいんだろう。「実はうちの国には専用のラブホテルなんてモノまでありまして、みんな好き放題やってますよ」なんてこと、真面目な彼らの前で言えるはずもなく、私は汗をかきかき、「まぁ、かなり自由ですね」とお茶を濁した。

お父さんが、日本のことをガンガン聞いてくる。初めは「日本の人口は？」「義務教育は何年？」程度の質問だったのだが、政治、経済の話になるともうお手上げだった。「最近、日本の景気はどうなの？」と聞かれただけで、言葉に詰まってしまうのだ。

「バブル崩壊って、英語でなんて言うんだっけ？」

「バブルはバブルだろうけど、そのまま言ったって通じないしなぁ」と塚田くん。彼と顔を見合わせ、ホトホト困り果ててしまう。

お母さんの方は以前、日本について書かれた本を読んだことがあるらしく、文化について興味津々で聞いてきた。

「日本ではあなたたちもキモノを着ているの？　私、前に写真で見たことがあるわ。とっても華やかで美しい民族衣装よね」

彼女は、鮮やかなブルーのアラブ版ロングドレスを着ていた。彼女だけでなく、モロッコではほとんどの女性が民族衣装を着ているのだ。

「いや、その、着物はものスゴく高価なモノなんで、持ってないんですよ」

そう言うと、お母さんは目をシロクロさせた。

「高い⁉　一枚も持ってないの⁉　自分の国の民族衣装なのに？」

言われてみると、民族衣装が高すぎて買えないだなんて、おかしいような気もしてくる。

「着物を着るとなると、着物だけじゃなくて、靴とか靴下とかバッグとか、全部着物用のグッズを揃えなきゃならなくて」

私は、自分が民族衣装を持っていないことに対して、必死で言い訳しているような気分だった。

「それでも結婚式とかお祭りのときなんかは、やっぱりキモノを着るんでしょう？」

それも最近じゃ少なくなってきてるよなぁ。私だって今まで着物なんて、七五三と兄貴の結婚式でしか着たことがないのだ。

「着物を着るのってスゴく難しいから、自分で着れないし」と私がこぼすと、お父さんの目はテンになった。

「えぇ⁉　日本人は、自分で民族衣装を着ることができないのかい⁉」

うぐぐ。でも確かにヘンな話だ。なんで私、自分の国の民族衣装を着られないんだろう？

「じゃあ日本の文化には、他にどういうものがあるの？」とお母さんが言う。

どういうモノって言われても……。なんだか冷や汗が出てきた。うちの国の「コレだ！」と胸を張って言える文化って何だ？　書道？　もともとは中国のモノだよな。演歌？　ルーツは韓国だって聞いたぞ。相撲、柔道、能、狂言、歌舞伎……どれも生で見たことすらない。民謡、三味線、日本舞踊、詩吟……。あぁ、頭に浮かぶモノ、浮かぶモノ、すべて私には縁のないモノばかりだ。

「やっぱり、白いご飯とみそ汁に、しょうゆですかねー」などと言ってなんとかその場を切り抜けたものの、私は自分が日本を知らなすぎることにショックを受けていた。彼らは何も私をイジメようとして、根ほり葉ほり聞いているのではない。よその国の人に出会ったら、当然、その国のことを聞きたくなるのが人情というものだろう。私はすぐモロッコの人に「これはどういうこと？」と聞くクセに、自分の国のことになると「分からない」「よく知らない」ばかりなのだ。まったく、何年日本人をやっているんだろう!!

ヘンな汗をかきつつしどろもどろになっていると、女の人がアラブ風の銀のポットとグラスをお盆に載せて持ってきてくれた。聞くと、彼女は住み込みで働いているお手伝いさんなのだという。彼女は家族同然という感じで、ファミリーの中に溶け込んでいた。日本ではよっぽどの家にしかお手伝いさんなんていないから、私はちょっと驚いてしまった。

「お手伝いさんがいるなんて、スゴいなぁ」

お母さんは私の言わんとしていることが分かったようで、的確に説明してくれる。

「私と夫は共働きだったから、どうしても昼間子どもたちの世話をしてくれる人が必要だったの。うちが特にお金持ちというわけではないのよ」

お父さんがポットを指して言う。

「これはモロッコのミントティーだよ」

注ぎ口が鶴の首のように緩やかな曲線を描いていて、いかにもアラブ風というポットだ。お母さんが、お盆の上にある小さなグラスに向かってお茶を注《つ》ぎだす。初めはグラスの近くから注がれていたポットが、優雅な手つきで徐々に高く高く持ち上げられていく。ミントティーを注ぎ終わったときには、ポットはグラスから30センチ以上離れたところまで持ち上げられていた。しかも、ミントティーは一滴もお盆の上にこぼれていないのだ。

マジックのようなその芸当に呆気《あっけ》にとられていると、彼女が笑いながら言う。

「モロッコでは、こうやって高いところからお茶を入れるのよ」

お母さんがすべてのグラスにお茶を注ぎ終えると、部屋中にミントの香りがフワ～ッと広がった。彼女がポットのフタを開け、中を見せてくれる。大きなポットの中には、生ミントの葉がこれでもか！　というくらい入っていた。

飲んでみると、あまっ!! ミントティーは激甘だったが、味も香りもパンチがきいていて、生ミント葉の底力というモノを思い知らされた。日本でミントティーを飲んだこともあったけど、化学合成で作ったような味とこのミントティーは雲泥の差だ。私が今まで飲んでいたのは〝ミントティー風の飲み物〟であって、ミントティーではなかったんだ。

お茶を飲んだりクスクスの様子を見たりしながら、ランチタイムをのんびり待つ。グラスが空になるとお茶のおかわりを注がれ、また飲んでは注がれるの繰り返しで、いつのまにか〝ミントティーのわんこそば状態〟になっている。初めはあまりの甘さに衝撃を受けたというのに、慣れてくるにつれ、だんだんやみつきになってくる味だ。

お母さんがハッと思い出したように言う。

「そうそう! 確か日本ではお茶の飲み方がスペシャルで、カップをまわしながら飲むんでしょ?」

「いや、あれはその、お茶を飲むというよりはメンタルなことが大事で、マナーを学ぶというかなんというか……」

茶道なんていったいどう説明すりゃいいんだ!? やったことがないから、説明のしようがない。

「えっと、普段、日本ではですね」

私はお客様が来たときバージョンで、日本式のお茶の入れ方を披露してみることにした。まず正座し、口をキュッとすぼめておちょぼ口にしつつ、うやうやしくお辞儀する。それからポットを右手で持ち、フタの部分に左手を添え、注ぎ口を静かにグラスに近づけ、音を立てずに楚々《そそ》とミントティーを注いでみた。

「日本では、こうやって静か〜にお茶を入れるんですよ」

「でも、そんな弱々しい注ぎ方じゃ、お茶に泡を立てることができないんじゃないの？」

「お茶に泡ぁ!?」

モロッコでは、ミントティーに泡を立てれば立てるほどよしとされているというのだ。その、泡の部分の舌触りがたまらんというから、〝ミント茶道〟も奥が深い。

「日本で泡立てて注いでいいのは、ビールぐらいですからねぇ」

塚田くんがそう言うと、お父さんはさも愉快そうに返す。

「ハハハ。イスラム教徒はお酒を飲んではいけないから、モロッコではこのミントティーを『モロッコ・ウィスキー』と呼んでいるんだよ」

これがウィスキーの代わりかぁ。街のカフェで、おっちゃんらが昼も夜もミントティーを小さなグラスでチビチビ飲んでいるのを何度も見かけていた私は、なるほど、と納得した。

お茶を飲みながら話しているうちに2時間がすぎ、お手伝いさんがどデカい大皿にこんもり盛られたクスクスを両手で抱えて運んできてくれた。

蒸し上がった小麦粉の粒の上には、トマト、ジャガイモ、ニンジン、ダイコンなどの野菜と羊肉が煮込まれたシチューがたっぷりかかっていて、モウモウと湯気が上がっている。赤や黄、緑にオレンジと、野菜の色鮮やかなこと！　鼻と目と両方からの刺激でグッと食欲をそそられる。

めいめいが大皿に手を突っ込んだ。私もクスクスを手に取り、丸めて口元へと運んでみる。

うまっ!!　なんてスパイシーで、なんてマイルドな料理なんだろう！　大胆な見栄えなのに、味はどこまでも繊細。野菜がクタクタになるまで煮込んであるせいで、素材の持っている素朴な甘さがシチューににじみ出ている。口の中に放り込むと、ほわほわの幸せが口いっぱいに広がる。アイシャの作ってくれたクスクスも美味かったけど、このクスクスは具が多いせいかさらに美味く、私はもうお母さんが作ったクスクスのとりこだった。

「お母さん、私がもし死ぬ前に『もう一度食べたいモノはなんですか？』って聞かれたら、『モロッコの家庭で頂いたクスクスです！』って答えるよ!!」

私の言葉に、彼女はホクホク顔になった。

「そう言ってもらえると、作ったかいがあったわ。たくさん食べてね！」

お母さんが、ひとりひとりに羊肉のかたまりを取り分けてくれる。みんなが肉に手をつけ

[illegible]の大皿に盛られたクスクス

ないので肉を食べるのを遠慮していたのだが、一番おいしい部分である肉は、やはり最後に分け合って食べるのが流儀であるらしかった。

羊の肉にかぶりついてみる。肉自体の味が濃厚なのに、臭みがまったくない。ハフハフしながらぶっとい肉にかぶりついていると、「肉を食ってる！」というワイルドな感じがして、より一層おいしく感じられる。

お父さんが「ココが美味いんだよ」と言って、わざわざ脂身のかたまりを取り分けてくれた。丸ごとはちょっとなぁと思いつつ口に含んでみると、羊の脂身は思ったほどアブラギッシュではなく、舌の上で転がすだけでトロトロ溶けていく。まとわりついている肉をしゃぶりきってから骨をテーブルの上に置くと、お母さんがあらあらという感じで言う。

「てるこ、骨の中も食べてごらんなさい。スゴ～くおいしいのよ」

骨の中って、よく『骨の髄まで』とかいう髄のこと!? 髄って食べられるモノなの!? 半信半疑で骨の切り口をチューチュー吸ってみる。髄は、脂身の美味さが濃厚に詰まった脂汁エキスのような味だった。中までシチューがジワッと染《し》み込んでいて、美味いのなんの！ たらふく食べた私たちは、お腹がいっぱいでしばらく動けないくらいだった。

食後にお手製のクッキーとミントティーを頂きながら、まったりとした時間をすごす。優しい家族に囲まれていると、昨日までのことがウソのように思えた。

ソファーにもたれ、すっかりくつろぎモードになっている私たちに、お父さんが聞いてくる。

「きみたちは、これからどこに行くつもりなんだい？」

「明日、マラケシュに行ってみようと思ってるんです」

お母さんは、それは名案ね！　という顔になった。

「マラケシュは街全体がピンクで統一されていて、本当にきれいなところよ。街の中心にジャマ・エル・フナという名前の広場があるんだけど、その広場の活気がとにかくスゴいの。とてもエネルギッシュな街で、私も大好きなところよ」

街全体がピンク⁉　いったいどんな街なんだろう！

私の胸はすでにワクワクし始めていた。自分がモロッコにハマりだしているのが分かる。

私はさまよいたくなってきたのだ。とことん、モロッコという国を。

大道芸人とのカンフー対決

昼前にエッサウィラを出たバスがマラケシュに着いたのは、遅い午後だった。長距離バスターミナルから、メディナの方に向かって歩きだす。

「ホント、どこもかしこも見事にピンクだなぁ！」

塚田くんが感嘆の声をあげる。

「なんかさ、街中がピンク色の見本市みたいになってるよね」

マラケシュは、本当にピンク色に染まった街だった。ピンクといってもショッキングピンクのようなどぎつい色ではなく、オレンジがかったサーモンピンクが街を彩るメインの色になっていた。そのサーモンピンクにも濃淡の違いでいろんなバージョンがあり、他にも、赤みが強いピンク、ベージュピンク、渋くて落ち着いたピンクなど、ひとくちにピンクといってもさまざまで、実にバラエティに富んでいる。

大通りには大きなヤシの木が青々と生い茂っていて、街並みのいいアクセントになっている。ギラギラと照りつけてくる太陽の光が、目を開けていられないほど眩《まぶ》しかった。ピンクのグラデーションに包まれたマラケシュは、街全体がかわいらしくまとまっていて、なんとも華やかな雰囲気だった。

しばらく歩いていると、どこからともなく太鼓や笛の音が聞こえてくる。まるでお祭りのような囃子《はやし》だ。今日は何かの記念日なんだろうか。にぎやかな音に誘われて歩いていくと、向こうの方に見えてきたのは、だだっ広い広場だった。広場のあちらこちらに人だかりができていて、とにかく人の多さが半端じゃない。遠巻きに見ているだけでも、この広場のフツーではない異様な熱気が伝わってくる。

マラケシュの地図を見ながら塚田くんが言う。

「これ、祭りじゃないよ。ジャマ・エル・フナ広場だよ」

これが祭りじゃない⁉　ジャマ・エル・フナ広場は、噂《うわさ》に違《たが》わぬスゴそうなところだった。この広場を見る前に、まずは宿を決めて荷物を下ろしてしまおうと思い、フナ広場から近い安宿街へと向かう。

安宿街の細く入り組んだ道の両側の至るところに、ホテルの看板が出ていた。どのホテルにも小さな入り口があるのだが、窓というものがまったくない。壁を共有して隣のホテルが繋《つな》がって建っているせいで、どこからどこまでがそのホテルの敷地なのかも分からなかった。安くて雰囲気のいい安宿がいいなと思いつつも、外からでは中の様子がまったく分からない

なんともオシャレなマラケシュの安宿

造りになっているのだ。

行きつ戻りつしながらあちこちのホテルで値段を聞きまくり、私たちはようやく、共同のお湯シャワーがついているナイスな安宿を見つけた。

チェックインを済ませて中に入った途端、思わず声をあげてしまう。ホテルの中央にはパティオ（中庭）があり、その中心にシャレた噴水まであったのだ。

パティオは吹き抜けになっていて、四方を4階建ての客室がぐるりと取り囲むような形になっていた。外観はピンク一色だったのに、内部の壁は色鮮やかなアラブ風の幾何学模様で彩られている。とても安宿とは思えないゴージャスな内装だ。シングルは、ベッドとテーブルが置いてあるだけでキチキチなくらい狭いのだが、壁がミントブルー色で、なかなか雰囲気のいい部屋だった。

荷物を下ろし、早速ジャマ・エル・フナ広場へと向かう。

広場の方へ近づくと、さっきよりもさらに人の数が増えているような気がした。まるで、街中の人が総出でこの広場に集まっているかのようなにぎわいなのだ。あちらこちらから、太鼓や笛の音がドンチャカ聞こえてくる。

広場の中に一歩足を踏み入れた途端、モロッコ版ちんどん屋という感じの音楽集団がものスゴい勢いで近づいてきた。え？　え？　と思うや否や、あっというまに私たちは取り囲まれてしまい、太鼓や笛を鳴らしての演奏が始まった。

　これは歓迎のセレモニーなんだろうか？　どうすればいいのか分からずとまどっていると、ちんどん屋の兄ちゃんに彼の帽子を被せられてしまう。彼らの被っている帽子には大きな房の飾りがあり、踊りながら頭をグルグルまわすと、その房も合わせてグルグルまわるという按配《あんばい》だ。頭をグルグルまわしながら、踊り、演奏するハイテンションなちんどん屋集団に囲まれ、30秒が経過。演奏が鳴りやんでホッとしていると、兄ちゃんが手を出してヌケヌケと言う。

「ハイ、お金払って」

　これで金払えだとぉ!?　頼んでもないサービスに金が払えるかっ。私は被せられた帽子をバッと取って兄ちゃんに突き返し、力強く言った。

「ノー!!」

　すると、陽気そのものだった兄ちゃんの顔がサッと豹変し、いきなり目つきの悪いちんぴらのようになった。

「オイオイ、あんたそりゃねえだろ。オレたちゃ演奏までしたんだから、払うモノは払ってもらわなきゃな」

　こんなヤツらにかまってられるか。私は自分ができる最大限の怖い顔で兄ちゃんをキッと

世界最大の大道芸スポット、ジャマ・エル・フナ広場

睨みつけた。

「そっちが勝手にやったことじゃん！　塚田くん、行こ！」

きびすを返し、私はさっさと歩きだした。ちんどん屋集団はブツブツ文句を言っていたが、こちらの強い姿勢にあきらめたのか、どこかに去っていった。

やれやれ、この広場、一筋縄ではいかんようだ。それでもリビドー攻撃に比べれば、こんなフッカケ、私には鼻クソみたいなものだ。よーし、こうなったら、広場中、全部見まくってやる!!

意を決し、広場にズンズン入っていく。中は、人、人、人で埋め尽くされ、あちらこちらにいくつもの人だかりの輪ができている。あの輪の中でいったい何が起こっているんだろう？　どの輪もみっちりとした人垣が出来上がっていて、外からだと何も見えないのだ。

ひときわ大きな人だかりができている輪の中に入ってみる。

中には、赤いド派手な衣装を身につけた大道芸人たちがいて、雰囲気は中国の雑伎団そのものだった。彼らは年齢も体つきもバラバラなのだが、団長らしきおっちゃんと顔が似ているところを見ると、メンバーは大家族で構成されているようだ。

険しい顔つきのお父ちゃんが大声を張りあげ、息子たちに厳しい指令を出す。すると、年齢の大きな息子から順々にバック転をしだした。一番小さなチビ助が「タァーッ」という掛け声でバック転を決めると、パラパラと拍手が起きる。

次に、中央にお父ちゃんが立ち、両腕でふたりの大きな息子を持ち上げた。さらにお父ちゃんの上に息子たちが次々に乗り、最後に末っ子のチビ助が一番上に乗り、家族7人で決めポーズ。なかなか絵になるアクロバット芸だ。

ひと芸終わると、お父ちゃんが観衆に拍手を求めながら、帽子を持ってまわりだす。どうやら芸をいっぺんにやってしまうのではなく、小出しに見せながら、「もっと見たいなら、チップを出しな！」と攻めていくじらし戦法らしい。確かに、大道芸には決まった見物料というモノがないのだ。芸人にしてみれば、ちょこちょこマメにチップをもらわないことには商売が成り立たないんだろう。

「ねーねー、でも、なんか観客のノリ悪くない？　つまんないなら見なきゃいいじゃんね」

さっきから不思議だったのだが、こんなに大勢集まってるわりには、しれっとしている観客が多いのだ。拍手もまばらだし、リアクションも少ない気がしてならない。

塚田くんがちょっと考えて言う。

「でもさ、嬉しそうに拍手したら、絶対『チップ払って！』って言われちゃうから、わざとリアクションを控えめにしてるのかもよ」

なるほど。だとしたら、芸にシビアな観客からチップをもらうのは至難の業《わざ》だ。

フナ広場名物アクロバット芸

それにしても、こんなに大勢の大道芸人が一堂に会している光景を見たのは生まれて初めてのことだった。世界広しといえども、こんな広場、他には絶対ないだろう。浅草でガマの油売りやバナナの叩き売りを見たこともあるけど、観客の数から規模の大きさまで、まったく比べモノにならない。これだけの数の大道芸人が大道芸でメシを食っているなんて凄いことだ。

広場を見渡すと、人だかりの輪と輪のわずかな隙を埋めるような感じで、客待ちの大道芸人の小さな集団がそこかしこにあった。ヘビ使いのジイさんは目が合うとコブラを首にかけてこようとするし、猿回しの太郎&次郎似の芸人は肩にサルを乗っけてくるわで、まったく油断もスキもあったもんじゃない。

向こうから、どデカい帽子にド派手な衣装を身につけたジイさんが銅の鈴を鳴らしながら近づいてくる。

「写真撮って、写真！」

ジイさんがそう言うので、写真を撮られるのが好きな人なのかと思い、写真を撮ってあげる。すると、ジイさんは「ひっかかったな」と言わんばかりに手を差し出してきた。「え～！」と私が声をあげても、ジイさんは「ワシはモデルなんだ！」と言ってきかない。その年でモデルって……と思いつつ、撮ってしまったものは仕方がない。渋々チップを渡すと、ジイさんはニカッと笑い、また銅の鈴を鳴らしながらどこへともなく去っていった。

「あそこ見て。入れ歯まで売ってるよ！」

塚田くんが笑いながら言う。

見ると、小さなテーブルの上に入れ歯をズラリと並べている、アヤシげな入れ歯売りがいた。しかもテーブルの上には、人の歯とおぼしき生の歯がゴロゴロ置いてある。まさか、歯のバラ売り？　おっちゃんはニタニタ笑いながら「歯、抜いていかんかね〜」という身振りをしてくるのだが、テーブルの上にあるのは医療器具ではなく、どう考えてもペンチなのだ。おっちゃん免許持ってんの？　いったい何人の歯を引っこ抜いてきたんだ⁉

大がかりな大道芸だけでなく、ひっそり小ネタで勝負している商売人もやたらと多い。ガラクタを並べて売っているジイさんもいれば、健康グッズを売るためにツバを飛ばしつつ、エラソーに説教を垂れている、みのもんた風の講釈師もいる。地べたに座り込んでいる占い師のオバちゃんは、カードを見せながら「座んなさい」という身振りをしてくる。背中をまるめ、歯のない口でにったり笑うオバちゃんは、まるでお化け屋敷の中にいる人形みたいだった。

人垣をかき分け、また別の輪の中をのぞいてみる。

輪の中では、ふたりの芸人による寸劇が繰り広げられていた。漫才とコントを足して2で

モデルのおっちゃん（本業は水売り）

割ったようなこの大道芸には、なぜだか生バンドまでついていて、座り込んだ楽団が太鼓やタンバリンを叩いていた。なんだ、なんだ、こりゃモロッコ版ドリフか？

芸人が大げさな身振りでなにやら言うと、観客たちがドッと笑った。だが、芸人たちがアラビア語で話しているもんだから、何が面白くて笑っているのかサッパリ分からない。それでも芸人たちのコミカルなアクションや、それを嬉しそうに見ている観客の顔を眺めているだけで、どんどん気分が高揚してくる。

この広場のスゴいところは、モロッコの一大観光名所でありながら、繰り広げられている大道芸のほとんどが外国人観光客のためのモノではなく、地元の人たちのためのモノだということだった。この輪のまわりにも、ざっと100人はいるだろうか。小学生ぐらいの男の子から、10代とおぼしき少年、学生風の兄ちゃん、働き盛りのおっちゃん、渋いジイさんまで揃っている。中には、小さな子どもを連れたお母さんや、若い女の子たちの姿もあった。

そのうち、芸人のおっちゃんは自分の靴を片方脱いで振りまわし、何やら大声でわめきちらしながら輪の中をぐるりと歩き始めた。おっちゃんの怒鳴り声で、前方にいた観客たちがドヤドヤと後ろに下がり始める。どうやらおっちゃんは、みなが「我も、我も」と前につんのめるせいで輪が小さくなってしまうのを注意しているようなのだ。

なんて強気な態度なんだろう！「オラオラ、面白いもん見せてやってんだぞ！」というエラソーな感じがありありと伝わってくる。おっちゃんには、「お客様は神様です」といった姿勢がまったくないのだ。

ここが日本だったら、芸人の態度のデカさに観客は引いてしまうだろうけど、みんなおとなしくおっちゃんの言うことに従っているところが、なんともおかしい。

輪の前列には、小学校低学年くらいのチビッコが大勢陣取っていた。おっちゃんは靴を脱ぎ、何をするのかと思いきや、その靴で一番やんちゃそうなチビッコの頭をパーンと思いきりひっぱたいた。

えぇ⁉　観客に暴力⁉　日本の子どもだったらワンワン泣きだしそうなものを、頭をはたかれた子は全然こたえたそぶりもなく、言われた通り後ずさりしてニコニコしている。芸人のおっちゃんが子どもに手厳しいのは、たぶん子どもはお金を持っていないからなんだろう。それにしても、客の頭はたくか？

「なんていうか、子どもの方もしぶといっていうか、イイ根性してるなぁ」

塚田くんが感心したように言う。

「『お前らタダ見なんだから、大きな顔すんな！』って感じだよね。芸人の観客いじりも芸のひとつなのかなぁ」

背伸びしながら芸をのぞき込んでいると、芸人のおっちゃんと目が合い、「オォ！　ジャッキー・チェ〜ン‼」と大声で呼びかけられてしまった。モロッコではジャッキー・チェンが大人気らしく、彼らは東洋人の見分けがつかないから、日本人を見かけるとすぐ「ヘイ、ジャッキー！」と声をかけてくるのだ。

おっちゃんのひと声で、観客たちの視線が一気に私に集中する。そのうえ芸人のおっちゃんがカンフーポーズを構え、「かかってこい！」と挑発すると、観客たちまでヒューヒュー盛り上がりだした。私もつい乗せられて腕をまくり、ジョーダンでえせカンフーポーズを構えてみた。すると、まるで『十戒』の海が真っ二つに割れるシーンみたいに人垣がサーッとなくなり、輪の中心へと続く道ができてしまったではないか。いったいどうすりゃいいんだ⁉ オチは⁉ オチはどこっ‼

観客たちが「ウォー！」と歓声をあげ、拍手と太鼓の音が鳴り響く中、ウソ臭いカンフーポーズを構えた私はコチコチに固まってしまった。私のとまどいをよそに、まわりの盛り上がりようといったらない。観客からはすでに「ジャ〜ッキー‼ ジャ〜ッキー‼」とジャッキー・コールまで始まっていて、輪の中は異様な熱気に包まれている。

マジで戦うの⁉ こんな大勢の前で⁉ カンフーなんてやったことないっつうの‼ だが、こんなに盛り上がっている観客を前に、いったい誰が逃げ出せるというだろう。

ここまできてしまった以上、もう後には引けない。自分の中にある芸人根性のようなモノに火がつき、体がやけに熱くなってきた。ええい、ままよ！　覚悟を決めた私は上着を脱ぎ、ボクシングの試合でボクサーがガウンをリングマネージャーに渡すが如く、塚田くんに向かって上着を放り投げ、ゆっくり輪の中央へと進み出た。

決闘の前に、まずは気合いを入れているところを見せ、相手を威嚇《いかく》せねば！　手のひらを顔に近づけ、「ペッ、ペッ」とヤル気ツバを吐いてみる。あぁ、こーゆーの、一度でいいからやってみたかったんだよなぁ！

輪の中に躍り出た私は、秘伝拳法モノでブイブイいわせていたころのジャッキーよろしく大げさに手首をくねらせ、手の甲でヘビのような形を作ってみせた。向こうは向こうでブルース・リー調の構えになり、リーお得意のストイックなムードをムンムン漂わせている。

私は一瞬、正気に戻り、（アタシ、なんでこんなことやってんだろ？）と思って吹き出しそうになってしまったが、さっきまでのおどけた顔はどこへやら、おっちゃんはリーが乗り移ったような顔になって気合いが入りまくっている。芸人たる者、人を笑わせても、自分が笑っちゃおしまいというワケか……。私は笑いそうになるのを歯をグッと食いしばって堪《こら》え、おっちゃんを睨みつけた。２メートルほどの間隔を維持しつつ、時計回りに歩きながら、お互い対決のタイミングを見計らっての睨み合いになる。

まわりのにぎやかしが一段と大きくなってきた。『ブルース・リー対ジャッキー・チェン』という世紀の決戦見たさなのか、観客の数がものスゴい勢いで膨れ上がり、みなが固唾《かたず》を呑んで闘いの行方を見守っている。ええい、あとは野となれ山となれ！

どちらからともなく「アチョーッ!!」と奇声を発して相手に立ち向かっていき、「ハッ」「ホッ」「ハッ」とカンフー技をかけ合う。

アレ!? 私のこの、切れの良い動きはなんなんだ!? 頭で考えるより前に、手が勝手に出てしまう。カンフーなんてできないはずなのに、昔さんざんカンフー映画を見まくったせいか、体がカンフーを覚えているのだ。

「ハッ、ハッ、ハッ」

向こうもテキトーだから、お互いのテキトー具合がミョ〜にマッチして呼吸が合う。なんか、めちゃくちゃ気持ちいいぞ。

「ハッ、ホッ、ハッ」

ハッ!! イカン、イカン、自分ばかり楽しんでいては！ なにがなんだか分からんが、とりあえず舞台に躍り出てしまった以上、お客様に喜んで頂かなければっ。

私は仁王立ちで「テヤー！」と叫び、ないヌンチャクを振りまわすマネをしてみた。すると、おっちゃんは対抗心むき出しで、腰からヌンチャクを2本取り出すマネをしてきた。私はヌンチャク1本を振り回すので精一杯だというのに、彼は「アッチョー!!」と雄叫《おたけ》びをあげ、「ハッ!! ハッ!!」の掛け声のもと、鮮やかなダブル・ヌンチャク使いで観客の視線を独り占めにしているではないか！

おのれ〜、派手にマネしよったな！　私は観客からの視線を取り戻すべく、『燃えよドラゴン』の中に出てくるリーの必殺技をマネしてみることにした。私がブルース・リーよろしくクルリとまわってみせると、観客たちはヒーヒー笑い転げての大受け。

カンフー対決ならぬお笑い対決は、大奮闘の末、結局引き分けに終わった。おっちゃんとお互いのファイトをたたえ合い、熱い抱擁を交わす。調子に乗った私は手を振って歓声に応え、握手まで求められてしまう有り様。

いい汗をかいて壮快な気分になっている私に、おっちゃんが帽子を差し出し、身振り手振りで言ってくる。

「ハイ、チップ入れて！」

私が「え〜！」とちょっと怒ったフリをすると、おっちゃんは「しょうがないな」という感じで、今度は周囲を取り囲んでいる客を指さして「マニー、マニー」と言ってくる。どうやら「今のファイト料、客から集めてきて！」と言っているようなのだ。人を見世物にしておいて「金払え」というのもどうかと思うけど、「金集めてこい」と言ってくる根性も凄い。まったく芸人の商売根性ときたら！　と思いつつ、テンションが上がりまくっていた私はおっちゃんの帽子を受け取り、輪のまわりをまわって金を集めてあげることにした。

「ハーイ！　カモ〜ン！　どんどん入れちゃってよ〜！」

さっきまで格闘芸をやっていた外国人が金集めをしているとあって、みんな気前よく小銭を入れてくれる。かなり集まった小銭の山をおっちゃんに渡すと、彼はお礼にミントティーを振る舞ってくれた。冷え込んできた空気の中で飲むアツアツのミントティーは、格別の美味さだった。

「いや〜、いいモノ見させてもらったよ」

塚田くんが、笑いが止まらないという感じで言う。

「ハハ、なんか自分でもビックリするぐらい燃えちゃったよ。腹ヘッたから、何か食べに行こっか」

芸人のおっちゃんに別れを告げ、広場の反対側に目をやると、モウモウと煙が上がっているのが見えた。煙の出ている方に近づいてみると、いつのまにか広場の一角が巨大な飲食街と化していたのだ。

大小さまざまな屋台が、所狭しと並んでいる。屋台のカウンターには、炭火焼きのシシカバブ（羊肉の串焼き）や、魚フライ、クスクス、サラダ、煮物、チキン丸ごと煮、フライドポテトなどが大皿いっぱいにこんもり盛りつけられていた。肉がこんがり焼けている匂いやスパイシーな香りが、あちらこちらから漂ってくる。屋台で働いている男たちはみな白衣に白帽のユニフォーム姿で、アバウトな国にしては珍しくキッチリした感じだ。

屋台街の通路を歩いていると、両側の屋台から日本語で呼び込みの声がかかる。

「コニチハ〜！　アリガト〜！」

「オイシイ！　ヤスイヨッ！」

「マズクナイ！　ヤクザ！　ヤクザ！」

辺りを見まわしてみると、フナ広場の屋台街には外国人観光客の姿がかなりあった。兄ちゃんらは日本人を見かけると日本語で呼びかけ、フランス人にはフランス語でと、観光客の出身地によって呼び込みの言語を替えているようなのだ。なんとまぁ商売熱心だこと！

「トーキョー！　オオサカ！」

「カラテ！　オカマ、オカマ！」

「モモタロー！　イラッシャ〜イ！」

私は、呼び込みの兄ちゃんたちのハイテンションに圧倒されてしまった。屋台街といえば香港もスゴかったけど、フナ広場で働いている兄ちゃんたちの威勢のよさには、どこの国もかなわないような気がする。みんな、シラフだとは思えないほどノリノリで、テンションの高さがお祭り並みなのだ。

しかし、いったいどの店で食べればいいんだろう。１００軒以上あると思われる屋台の中には似たような品揃えの店も多いのだが、メニューのバリエーションが少しずつ違っていた。「ウチはコレ一本！」という感じの専門店もあって、スープ専門の屋台から、焼きソーセージがメインの屋台、具がたっぷりはさまったサンドイッチの店、エスカルゴのような貝を食べさせる店、羊の頭を丸ごとズラ〜ッと並べている羊専門店まである。食欲がかき立てられずにはいられない光景だ。

「これは1週間かけても、全種類、食べ尽くすことはできそうにないね」

まだ食べてもいないのに、塚田くんが残念そうに言う。

「1軒でお腹がいっぱいにならないよう気をつけて、ハシゴするしかないね」

とにかく地元の人で混んでいる店が美味いに違いない。にぎわっている屋台を選び、カウンターの前に並んでいる長イスに腰掛けてみる。目の前に並んだ大皿料理に目移りしながら、魚フライやピーマン、ナスの揚げ物などを頼むと、座って3分もたたないうちに、揚げ直したフライが運ばれてきた。

色よく揚がった超特大サイズのピーマン丸ごとを、ガブッとかぶりついてみる。肉厚でうまっ!! ピーマンって、こんなに美味い食べ物だったの!? と思わずにはいられないウマさだ。クタッとやわらかいのだが、ほどよい歯ごたえがあって、噛めば噛むほど口の中にうまみと甘みが広がる。見た目はピーマンでも、これを「ピーマン」と呼ぶのがはばかられるほど、日本のピーマンとは味がまったく違う。

後ろ髪を引かれるような思いだったが、そろそろ次の店に行かなければ！

「塚田くん、次行こう！　次！」

私は酔っぱらって飲み屋をハシゴするサラリーマンのような感じで塚田くんに声をかけ、新たな屋台へと向かった。

次に行った屋台は、炭火焼きが売りの店だった。大きな焼き網の上には、さまざまな部位の肉が載っていて、ジュージューと音を立てながら香ばしい匂いを漂わせている。兄ちゃんが鉄板の上でレバーをハサミで細かく刻んでいたので、シシカバブとそのレバーをオーダーしてみる。

しばらくすると、細長い鉄の棒に刺さったシシカバブ、刻みレバー焼き、丸いモロッコパン、トマトソースが運ばれてきた。こんがり焼かれたシシカバブは想像通りの美味さだったが、刻みレバーの食べ方が分からない。隣のモロッコ人カップルの方を見ると、彼らが口々に教えてくれる。

「これは羊のレバーで、料理の名前はテハックっていうのよ」

「パンにはさんで食べるとイケるよ！」

彼らのマネをし、パンをちぎって中にレバーをはさんで食ってみる。レバーは苦手な方だというのに、素材が新鮮なせいなのか、スパイスで匂いを消しているせいなのか、臭みがまったくない。クセになりそうなクセのある味だ。

「ちょっと塚田くん！　コレ、激うまだねっ」

「食べたことのないウマさだね。あぁ、これでビールさえあれば最高なんだけどな！」

この広場には、お祭りムードに似つかわしくもなく、酒類が一切売られていないのだ。

調子に乗ってパンをもりもり食べてしまったせいか、お腹がいっぱいになってきた。それでも「もう一軒だけ行ってみよう」という話になり、また違う屋台へと向かう。

呼び込みの兄ちゃんの感じが良かったのにつられて座った屋台には、どういうワケか客がほとんどいなかった。さわやかでなかなかハンサムなその兄ちゃんに、「なんであなたの店、客がいないの？」と英語で聞くと、彼はあまり英語が話せないらしく、ニコニコするばかりだ。

しばらくして運ばれてきたクスクスをひとくち食べた途端、なぜこの店に客がいないのかが分かった。マズいのだ。しかも、ぬるい！　これがあんなにおいしかったクスクスだとは信じたくないぐらいマズかった。いったい何がどう違うんだろう。やっぱり味つけの差なんだろうか。クスクスは何十種類ものスパイスを使って作るという話だったが、このクスクスには味に深みというか、奥行きがまったくないのだ。

「クスクスっていっても、全部が全部、美味いわけじゃないんだなぁ〜」

これには塚田くんも驚いたようだった。

「ホント、なんかボソボソしてて、味つけを間違ったオカラみたいだよね……」

大量に盛られたクスクスを前にガックリきている私たちに、店のヒゲのおっちゃんが「フリー、フリー！（タダ、タダ！）」と言いながらミントティーを入れてくれる。さっきの店でもそうだったけど、この屋台街ではどの店もミントティーが飲み放題なのだ。

「ア〜、デリシャス？　グーッド？」

ハンサムな兄ちゃんが人なつっこい笑みを浮かべ、嬉しそうに聞いてくる。私はどう答えるべきか、迷ってしまった。「シェフに問題があるのでは……」と本当のことを言ってあげるべきなんだろうか。それとも私は通りすがりなんだから、事を荒立てない方がいいんだろうか。

それでも次の瞬間、私は小首を少し傾《かし》げながらも「ンー、イェッ、グッド」と答えていた。こんなに人のよさそうな兄ちゃんに対して、とてもじゃないけど「マズい」なんて言えなかったのだ。

夜になって、寒さが一段と増してきた。日中は日差しが強くてちょっと暑いくらいなのに、モロッコはことのほか寒暖の差が激しい。寒さに震えてブルブルしていると、兄ちゃんが

「カウンターの中に入ってきなよ！」とおいでおいでをしてくる。

カウンターの中には、客用のものと同じ長イスが並べてあった。兄ちゃんが横歩きで長イスの上を歩き、私を鉄板の前まで連れていってくれる。屋台には兄ちゃんの他にもふたりの陽気なおっちゃんがいて、自分たちの上着を私にかけてくれた。炭火で暖をとっていると、冷えきった体が溶けていくような気がした。

「マルハバ～！　マルハバ～！」

長イスの上に立った兄ちゃんが、愛想良く呼び込みを始める。「マルハバ」とは、「ようこそ」という意味らしい。ヒゲのおっちゃんが店のフライドポテトをつかみ、「食べなよ！」と言って私の口に放り込んでくれる。

「オ～、シュクラーン！（ありがとー！）」

笑顔で応えようとするが、うげっ、マズッ‼　何もここまで揚げなくても……といううぐらいパサパサだ。働いている人の性格の良さはピカイチなだけに、複雑な気持ちになってしまう。

彼がふざけて私の頭に白帽をのせ、「一緒に呼び込みをやろう！」と言ってくる。

「え～、マルハバ～！　マルハバ～！」

兄ちゃんと声を揃え、揉み手をしながら、呼び込みをやってみる。それを見た西欧人観光客たちが、笑いながら通りすぎていく。みな珍しさもあって一瞬足を止め、立ち止まってくれるのだが、私までカウンターの中に入ってしまった今、この屋台の客は塚田くんひとり。そんな流行《はや》っていない店で、誰も食べたいと思うわけがなかった。

兄ちゃんが嬉しそうに言ってくる。

「アイ　ウォントゥ　メリー　ユー！（ボク、キミと結婚したいなぁ！）」

他の英語はロクにできないクセに、なんでそんな英語だけ知ってんだ⁉　だが、彼は明らかにジョーダンで言っていたので、私もジョークで返してみる。

「オーケー！　カモ〜ン！　アイ　テイクアウト　ユー　ジャパン！（よしきた！　兄ちゃんを日本にお持ち帰りするよ！）」

私が自分のリュックをガバッと開け、兄ちゃんに「ここに入んな！」というアクションをしてみせると、大柄でガッシリした体つきの彼は首をブルンブルン振った。すると、ポテトを食べさせてくれたヒゲのおっちゃんがしゃしゃり出てきて、肉包丁で兄ちゃんを切り刻むマネをしだす。

「よっしゃ、今すぐコンパクトサイズにするから、どこでも持っていきな！」

おっちゃんは得意《とくい》げにデカい肉包丁を振り回し、兄ちゃんは「オゥ〜！　アァ〜！」と声をあげ、時代劇の斬られ役のような大げさなリアクションで悪ノリし放題。

「この人たち、こんな流行んない店さっさとやめちゃって、大道芸人になっちゃった方がいいのにね！」

「ホント、みんな役者だよなぁ」

気がつくと、もう夜の12時すぎ。それでも広場のにぎわいが終わる気配はまったくなかった。遠くから聞こえてくる太鼓や笛の音。人びとのにぎやかな声。祭りのまっただ中にいるような、エネルギーに満ちあふれた広場の中に身を置いていると、モロッコでのイヤな思い出がブッ飛んでしまう。

兄ちゃんに、日本の魚市場で交わされる渋いダミ声を教え、「へ〜い！　つらっしゃい〜、つらっしゃい!!」とふたりで大声を張り上げる。

私はなんとも爽快な気分になっていた。さっきまで客としてクスクスを食べていたというのに、今ではカウンターの中で呼び込み要員になっているのだ。みんな人使いが荒いというか、乗せ上手というか、まったくなんて陽気な連中なんだろう！

もしかしたら、このジャマ・エル・フナ広場は、広場そのものが巨大な劇場なのかもしれない。大道芸人や屋台の兄ちゃんらはもちろん、この広場に集まった人たち全員が、今日のフナ広場を彩っている役者のひとりのような気がするのだ。ここでは、一瞬にして、〝見る側〟から〝見られる側〟にすり替わってしまうこともある。まさにスリル満点のエンターテイメント広場ではないか！

たった一日にして、私はこの広場の魅力にとりつかれてしまっていた。あらゆるモノや人が雑多に集合し、そのすべてを飲み込んで鼓動し続けているジャマ・エル・フナ広場。私はモロッコという国に、飲み込まれてしまったのに違いなかった。

7カ月目の浮気

翌朝、私たちは遅い朝食を取ろうと思い、ジャマ・エル・フナ広場に行ってみることにした。

それにしても昨日はおかしかったなぁ、なんて思い出し笑いを浮かべながら嬉しはずかし気分で歩いていると、遠くの方に広場が見えてきた。だが、どうも様子がおかしい。人がほとんどいないのだ。近づいてみると、広場の中は閑散としていて、昨日のにぎやかさがウソのようだった。

「なんにもないじゃん!」

思わず声をあげてしまう。広場のまわりには、生オレンジジュースの店やオリーブを売る店が出ているものの、だだっ広い広場の中はもぬけのカラ状態。昨日の夜、あれだけ盛り上がっていた屋台街も、忽然《こつぜん》と姿を消している。なんだかキツネかタヌキにでも化かされたような気分だった。どうやら屋台は夜だけのモノらしい。広場がにぎやかになるのは、午後というか、夕方からのようだ。

広場に面してカフェがいくつかあったので、私たちはカフェで朝食を取ることにした。どこに入ろうか迷っていると、プーンと香ばしい匂いがしてくる。入り口の大きな鉄板で、大柄なオバちゃんがクレープを焼いている小さなカフェがあった。

「コレ美味そうだよ、ここで食べよう！」

吸い込まれるようにそのカフェに入った私たちは、迷わずクレープとカフェオレを注文した。2分もしないうちに出てきたモロッコ版クレープは、かなり食べがいのあるボリュームだった。丸いクレープが半分に折ってあり、こんがり焼き色がついている。食べてみると、中には濃いバターとハチミツがたっぷりはさまっていて、ジューシーな甘さが口の中いっぱいに広がる。外はパリッとしているのだが、中はやわらかく、バターとハチミツのハーモニーがたまらない。私は朝っぱらからこのクレープのとりこになってしまった。

カフェオレを飲みながら、「で、これからどうする？」と塚田くんに話を振ってみた。すると、彼はちょっと言いにくそうに切り出した。

「実は……僕、カサブランカで彼女と待ち合わせしてるんだよ」

待ち合わせって、そんな気軽に。私は塚田くんに彼女がいたことよりも、世の中にモロッコで待ち合わせをするようなカップルがいたことに驚いてしまった。

聞くと、3歳年上の彼女はすでに社会人なので長期休暇が取れず、塚田くんだけ先にやってきたということだった。塚田くんが伊勢の金比羅山をひとり旅したときに同じくひとり旅だった彼女と出会い、意気投合したのだという。

「へ〜、ひとり旅が好きな者同士だったんだ。私と私の彼氏もそうなんだよ」

それにしても約束があるということは、塚田くんとはマラケシュでお別れってことか……。私は体力がモリモリあるうちに、今回のメインイベントであるサハラ砂漠に行ってみたいと思い始めていた。そして正直なところ、彼が一緒に来てくれたら心強いのに、とも思っていた。彼と行動を共にするようになってからというもの、見えないバリアができているらしく、リビドー攻撃がなくなっていたからだ。

「私はさ、近いうちにザゴラ行きのバスに乗って、砂漠に行ってみようかと思ってたんだ」

そう言うと、彼は即答してくれた。

「彼女との待ち合わせまではまだ日があるし、僕も砂漠には行くつもりだったから、せっかくなんだし、一緒に行こっか」

塚田くんが一緒なら鬼に金棒《かなぼう》だった。砂漠までの交通の便は悪いというし、塚田くんにはタイムリミットがある。

行くと決めたら、すぐに出発だ！　私たちは宿に戻って荷物をまとめ、長距離バスターミナルへと向かった。

砂漠の入り口である、ワルザザート行きのバスに乗り込む。最大標高4000メートルを超えるアトラス山脈を越えるには6時間ほどかかるというから、かなりの長丁場だ。

バスが出発すると、車内に、独特のコブシがきいた演歌調のアラブ歌謡曲が流れだした。しかも、音の大きさがBGMどころではなく、ガンガンの大音量。こんなボリュームで音楽がかかっているというのに、乗客たちはみな平然としている。モロッコの人は相当の音楽好きのようだ。

塚田くんも辺りを見回し、感心している。

「みんながみんな、揃ってこのアラブ音楽が好きだっていうところがスゴいよなぁ」

「日本だと、紅白だって最後まで見るのキツいのにね。若者はロックとポップで、年配の人は演歌みたいな、世代ごとのジャンルがないのかも」

坂道になるにつれ、だんだん緑が減り始めていく。

次第にまわりに見えるのは山だけになり、本格的な山道になってきた。道は一応、舗装してあるものの、小石がゴロゴロ転がっている。坂道は一見緩やかそうに見えるのだが、左折すると体がググッと左に倒れ、右折すると右にガーッと引っぱられる。揺れ具合の激しさは、遊園地のちょっとしたアトラクションなんかよりよっぽどハードだ。

グイグイ山を登り始め、ワイルドな道のりになっていく。車内に流れるアラブミュージックも、アトラス越えのいいBGMになりつつある。コブシがきいた音楽を聞いていると、「あぁ、自分は今、イスラム圏の国を旅してるんだなぁ」という旅情が高まって、なんともいい気分だ。

まわりを見渡すと、どデカい山々がはるか彼方《かなた》まで広がっていた。そんな険しい山道を、ロバに乗ったいぶし銀のようなジイさんがゆっくり通りすぎる。彼は鮮やかな緑色のジュラバを、実にカッコよく着こなしていた。まるで『スター・ウォーズ』に出てくるジェダイ・マスター並みの渋さだ。

「あのジイさん、『スター・ウォーズ』のジェダイの騎士みたいだね！」

興奮して言うと、塚田くんがちょっと考えて言う。

「それかさ、ルーカスはジュラバに影響されて、あの衣装を作ったんじゃない？」

なるほど、そうだ、絶対そうに違いない。あの映画で、ルーク・スカイウォーカーがジャバ・ザ・ハットからレイア姫を救出するシーンも、設定は砂漠の町だった。ルーカスは、主人公が手ごわい敵と戦っているというイメージを具現化すべく、あの映画の雰囲気をわざと荒涼とした砂漠にしたんだ。てことは、私は今まさに『スター・ウォーズ』の原点を旅してるってことじゃん！

「考えてみると、私らがよく着てるパーカーも、ジュラバに影響されて作られたモノなんだろうね」なんてことを話しながら、私たちは車窓から見える光景にクギ付けになっていた。

谷間を流れる細い川の至るところで、洗濯している女の人たちの姿が見えた。赤や青、黄色に緑にピンクと、色鮮やかな洗濯物が川沿いの岩に干されている。まわりが山に囲まれていて茶色一色だから、色とりどりの洗濯物が一層映える。

彼女たちはみな、頭に色鮮やかなスカーフを巻き、華やかなロングスカートをはいていた。上着とスカーフの組み合わせも、赤×緑、緑×黄色、ピンク×オレンジなど、誰ひとり同じ色づかいの人がいないくらい色彩センスが独特で、うっとり見とれてしまう。

洗濯物の端と端を持ち合ってぎゅうっとねじりながら絞っている若い娘さんたちが、キャッキャッと笑い合っている。平和そのものという感じの光景を見ていると、心がほんわかと和む。こんなに離れたところから眺めていても、彼女たちの楽しそうなおしゃべりが聞こえてくるようだ。

広大な山と山の間に、小さな村がポツポツと見える。向こうの方の赤茶けた山には、山と同じ赤茶色に染まった集落が見えた。小さな家々は、どの家も面白いぐらい壁が同じ赤茶色だった。焦げ茶色の山には焦げ茶色の村が、薄茶色の山には薄茶色の村が、山肌に張りつくようにして建っている。よく見ると、どの家も小さなレンガを積み上げてできていた。レンガがその土地の土を使って作られているから、家の色が山と同じ色になるようだ。なんて素朴で、なんてかわいらしい村なんだろう！

「あの村にも、あの村にも、寄り道してみたいのになぁ！」

思わず悔しい気持ちが言葉になる。

「でもさ、大きな街でさえああなんだから、きっと英語が全然通じないんだろうな。ガイドブックに書いてあるよ。アトラスの中にある村は、先住民族のベルベル人の村だって。きっとベルベル語を話す人たちなんだね」

ああ、それでもなんでも、ああいう小さな村に立ち寄ってみたくてたまらなかった。ベルベル人って、いったいどんな人たちなんだろう。私の思いをよそに、バスは猛スピードで走り続けている。はるか遠くに小さな村々が見えるたびに、私の胸は切なさでちぎれそうになった。


どのくらい山を登っただろうか。辺りの風景はさっきまでの牧歌的な感じとはガラリと変わって、バスは荒漠とした岩山の中を縫うように走っていた。アトラス山脈の大パノラマが、圧倒的なスケールで眼前に迫ってくる。

車窓からの風景は変化に富んでいて、飽きることがなかった。たとえば、野生のサボテンがところどころに固まって密生している山々を見ると、そんな大量の野生サボテンを今まで見たことがないから、「オオッ！」とクギ付けになる。とはいえ、サボテン山も数分続くとさすがに「サボテンはもういいや」と思うようになってしまう。だがそうしているうちに、今度は草木一本生えていない、岩だらけの山々が見えてくる。そうなると、荒涼とした風景にまたしても圧倒されてしまう。しばらく岩山が続いてちょっぴり飽きだすと、また新たに、群生している草のかたまりが等間隔に点在している山々が目に飛び込んできて、「まるで、茶色の中に緑の水玉模様ができてるみたい！」と、その風景に唸《うな》っているうちにまた違う風景が現れる……といった按配で、大自然が数分ごとにめまぐるしく、その表情を変えるのだ。

昼すぎになって、日差しがやけに強くなってきた。朝晩はあんなに冷え込むのに、昼間の太陽の力強いことといったらない。日差しのせいでホワーンとしてきて、ついまどろんでしまいそうになるのだが、外は寝るのが惜しいくらいの絶景続き。それに、こんなダイナミックな風景の中をブイブイ突っ走るなんて体験、日本じゃ絶対できない。私は睡魔と格闘しつつ、この光景を脳裏に焼きつけておかなければ！　と懸命だった。

ガードレールのない、かなり急な山道を、バスはグイグイ登っていく。広大な岩山に造られている一本の細い道を走っていると、こんなフツーのなんでもないバスで、こんなダイナミックな大自然を相手にしていることが、なんとも心もとない気分になってくる。

バスはU字形になっている急カーブをいくつも曲がった。険しい山道を見下ろすと、どこもかしこも断崖絶壁。前になんにも見えないから、一瞬、「このまま落ちるんじゃ⁉」とハラハラドキドキの連続なのだ。急角度に折れ曲がっているような断崖絶壁にも、ガードレールなんてモノはなかった。

こんなところから落ちたら、ひとたまりもない‼　ところどころに小さなコンクリートのかたまりが置いてあるのだが、それがいかにも「ココで転落事故があったので注意！」と呼びかけているようで、コンクリのかたまりを見るたびにヒヤヒヤしどおしだ。

しばらくすると、私の真後ろの方の座席で、「パン！　パン！」と手を叩く乗客がいた。なんだろう？　と思って振り向くと、おっちゃんが大きな木箱を山ほど抱えて立っていた。バスがブレーキをかけてゆっくり停まり、おっちゃんは後方の出口から降りていった。どうやら手を叩くのが、「ここで降りる」という合図になっているらしい。それにしても、この辺りは赤茶けた山が延々連なっているだけの場所なのだ。ここからどれだけ歩く気なんだ？　おっちゃんはいったいどこに住んでいるんだろう……。

なんともスリリングで豪快な6時間のドライブを終え、ワルザザートに着いたときには体がグッタリしていた。異様に長い遊園地のアトラクションから、ようやく解放されたような気分だ。

標識のないところでバスを降りる乗客のおっちゃん

バスから降りた途端、ガイドらしきおっちゃんがウジャウジャいて、一気に取り囲まれる。みなが口々に「ナイス・ホテル！」「デザート・ツアー！」と言い寄ってきて、うるさいったらありゃしない。

「ザゴラ行きのバスに乗るからいいってば！」

私たちはここからさらに南に下ったところにある、砂漠に近いザゴラという街を目指していたのだ。だが、ガイドのおっちゃんらは口々に言う。

「ザゴラ行きのバスはもうないよ」

「オレが素晴らしい砂漠ツアーをアレンジするからまかせな」

この街は砂漠方面へ向かう中継点になっているらしく、レンタカーでの個人ツアーをアレンジするガイドがうようよいるのだ。

バス停で確認すると、ガイドの言葉通り、ザゴラ行きの最終バスは出てしまっていた。砂漠の方に近づけば近づくほど、交通の便が悪くなるという話は本当だったのだ。

気がつくと、もう日が暮れてしまっている。ここからザゴラまでは、バスであと4時間半。砂漠までの遠い道を思って気が遠くなるが、かといって、こんなところからツアーをアレンジしたら、どれだけボラレるか分かったもんじゃない。行けるところまで自分たちの力で行ってみたかった私たちは、ワルザザートで1泊することにした。

翌日、朝8時発のザゴラ行きのバスに乗り込んだ。

席に着いてバスの出発を待っていると、アラブ風の弦楽器や太鼓を持った3人グループが乗り込んできた。彼らは陽気に演奏しながら、通路を練り歩いている。どうやら流しの楽団らしいのだが、歌担当の兄ちゃんの下手クソなこと。まわりの乗客たちも明らかに迷惑そうな顔だ。

ただでさえ混雑しているバスの中に、いろんな人が乗り込んでくる。お菓子を売る少年や、チューインガムを売る少年に、モロッコで初めて見た物乞いのおばちゃんなどなど。それでも何人かの乗客たちは、オンチの楽団や物乞いのおばちゃんに小銭を渡してあげていた。

バスが出発してしばらくすると、まわりに草や木の姿がぱたりとなくなった。傾斜がかなりある険しい山道を走る。いつのまにか、車窓から見えるのはゴツゴツした岩山ばかりになり、私はまたしても、大自然のスペクタクルに圧倒されていた。世の中にこんな風景の場所があったとは！

「行ったことはないんだけど、グランドキャニオンみたいな風景だね」

塚田くんが外を指さして言う。

「スゴいのはスゴいんだけどさ、アレ見てよ」

見ると登ってきた丘の急斜面には、道路からスリップして転がり落ちたと思われる車の残骸が置きっぱなしになっていた。かなり昔のものなのか、錆《さ》びてボロボロに朽《く》ち果てている。

「随分前の事故みたいだけど……」と塚田くん。

「普通にバスに乗っているつもりでも、ホントは『ドライバーに命預けてます！』って感じなんだね、この道のり……」

そんなことお構いなしで、バスはアラブミュージックに乗せて、勢いよく走り続けている。

途中、山道にグレーのジュラバ姿で寝転がっているおっちゃんの姿があった。日差しを避けるためかおっちゃんはジュラバに付いてるフードを被っていて、まるで『ゲゲゲの鬼太郎』のねずみ男そのものだった。なんでこんなところで横になってるんだろう、と思っていると、バスは数メートル進んで停まり、そのおっちゃんが勢いよく駆け込んできた。彼はバスを待っていた人だったのだ。

バスはしょっちゅう停まっては、人を降ろし、乗せていく。そのたびに荷物を抱えた人が乗り込んできて、バスの中はずっと満員状態だった。

山すそに張りつくように広がっている茶色の村々。埃《ほこり》っぽい砂の世界がどこまでも果てしなく続いている。

私は絶景と疲労との狭間《はざま》でもうろうとし始めていた。向かい側に座っている中年夫婦に目をやると、お父さんの方がかなり参っているようだ。グッタリした様子のお父さんは前の手すりを持ち、ずっと下を向いている。お母さんは小さなカバンからハンカチを取り出し、何かをハンカチに染み込ませてお父さんに渡した。

お母さんと目が合ったので、私は小瓶を指さし、身振り手振りで「それはなんです？」と尋ねてみた。お母さんは体を乗り出し、「手を出して」という身振りをしてくる。言われた通り手を差し出すと、お母さんは私の手のひらに液体を何滴か垂らしてくれた。匂いをかいでみると、柑橘《かんきつ》系のさわやかな香りのする香水だ。

「シュクラン（ありがとう）」

お礼を言うと、お母さんは「いいのよ」という感じで頷き、自分の手のひらにも香水を落とした。彼女は、さっきから相当具合の悪そうな前の座席の兄ちゃんの肩を叩き、自分の手のひらの匂いをかがせ始めた。

モロッコの人たちの、他人に対する親切の仕方は実にストレートだった。日本でもし他人に声をかけるとしたら、「よろしかったらこの匂いでもおかぎになりませんか？」とかいうかしこまった感じになるだろう。知らない相手に声をかけるときには、親切なことをするにしても、ちょっと遠慮しながら丁寧に話しかけるのが普通だからだ。なのに、お母さんは初めて会った人にもかかわらず、「気持ち悪いんでしょ？　ほら、これかいで！」と超ざっくばらん。親切のあり方がもっとナチュラルで、他人のテリトリーに入るときの垣根が低いのだ。日本もこうなればいいのにな。そうすれば、親切をするときの〝いかにも親切します〟感がなくなるし、知らない人ともっと気軽に話ができるような気がした。

ザゴラに着いたのは昼すぎだった。バスを降りた途端、いかにも砂漠っぽい熱い風が吹きつけてくる。

私たちが「サハラ・デザート？」と聞くと、車掌の兄ちゃんが言う。

「サハラ、バス、マハミド」

どうも「違うバスに乗り換えた方がいい」と言っているらしい。ザゴラも砂漠の町であることは間違いないのだが、さらに砂漠に近いところまで行くバスがあるようだ。彼らに礼を言い、私たちは違うバスに乗り換えることにした。

乗り込んだマハミド行きのバスは、かなり年季の入ったボロバスだった。座席のビニールシートがところどころ破れていて、中に詰まっている綿が半分ぐらい抜け出てしまっている。

ザゴラを出発してからというもの、車窓から見えるのは、ほとんど草木の生えていない乾ききった大地だけになった。バスは人を乗せたり降ろしたりを繰り返しているが、砂漠に近づくにつれて乗客の数が減っていく。

どこまで行っても代わり映えしない風景が続いていた。容赦なく照りつけてくる日差しが、砂漠が近いことを思わせる。昨日から強い日差しを浴び続けているおかげで、肌がヒリヒリと痛む。日焼けしようが肌がボロボロになろうが構いやしない。砂漠はもうすぐそこなんだ！

2時間ほど走ると、満員だった車内の乗客の数は10人ほどになっていた。まばらに座っている乗客はみな、服装からして地元の人ばかりだ。やっぱり砂漠に近い町に用事がある人なんて少ないんだなぁと思っていると、前方にひとり、西欧人らしき青年がいることに気がついた。

あの人も、砂漠を目指してやってきた旅行者なんだろうか。彼が後方にチラッと目をやり、顔がはっきり見えたその瞬間、私の胸は「どきん！」と強烈に波打った。こんないい男がこの世にいただなんて！

私はこれまで「好きなタイプは？」と聞かれても、「そんなの好きになった人がタイプだよ」と豪語してきた。でも今、彼をひとめ見て、考えが180度変わってしまった。もし私にタイプの顔が、いや、もろタイプの人がいるとしたら、それは彼だ‼

彼は、ジャッキー・チェンやチョウ・ユンファなど夢中になるのは決まって香港スターという私が、初めて惚《ほ》れたハリウッドの俳優、キアヌ・リーブスにとてもよく似ていた。キアヌ・リーブスは父親がハワイアンと中国人のハーフ、母親がイギリス人という血筋が物語るようにエキゾチックな顔立ちなのだが、彼はまさにそういう雰囲気の人だった。白人にしては珍しく髪が黒々としていて、日本人ウケしそうな（ていうか、私に大ウケの）濃すぎない、端整な顔立ち。面長なキアヌの顔を少々縮めたら、まんま彼になるんじゃなかろうか。てことは、キアヌよりも男前じゃん！

私は自分でも「アホか？」と思うぐらい、そのナゾの旅人にポワ〜ンとしてしまった。彼は上に黒いパーカー、下はブルーのスエットという姿で、くたくたによれた黒革のひも靴を履いていた。なんでもない恰好なのに、というか、ヘタしたら野暮ったい身なりだというのに、彼が身に着けているだけでそのすべてがチャーミングに見えた。彼は砂漠にフラリとやってきた一匹狼風ではあるのだが、その、まったく気負いのない服装や雰囲気は、「ちょっと遠出の散歩しようと思って、砂漠まで足を延ばしてみました」という表現がピッタリで、実にさりげないのだ。

こんないい男を見つけたにもかかわらず、言葉を交わすこともできないだなんて！　シャイで奥手な私は、彼の座席まで行って声をかけるなんてこと、とてもじゃないけどできなかった。私にできたのは、彼に〝気〟を送ることぐらいだった。

（振り向け〜、振り向け〜、こっち向いてくれ〜、こっちだ〜）

彼が振り向いたからといってどうなるわけでもないのに、私はもう必死だった。彼が私たちの向かっているマハミドで降りるという確証はどこにもなかったからだ。もしかすると、遠縁のオバちゃんなんかがたまたまこの辺の村に住んでいて、彼はそのオバちゃんを訪ねにきたという可能性だってある。それで彼がマハミドに着く前にこのバスをフラリと降りてしまったが最後、彼とはもう一生会えなくなってしまうのだ。このチャンスを逃してなるものか！　私は満身のパワーを込め、後部の座席から（こっち向け～）の念を彼に送り続けた。

すると、私のモーレツな念が通じたんだろうか、私たちの存在に気づいた彼が後ろを振り返り、英語で話しかけてきたのだ。

「きみたちも、マハミドまで？」

ギャーッ!!　しゃ、しゃべったっ、キアヌがっ。口から心臓が飛び出てしまいそうになるくらい動揺していたが、私は努めて平静を装った。

「ええ。あなたも砂漠まで？」

「そうなんだ。みんな降りていくもんだから、旅行者は僕ひとりかと思ったよ」

彼はさわやかな笑みを浮かべてそう言った。彼は顔だけでなく、声までカッコよかった。高すぎず、低すぎず、大きな声を出しているわけではないのによく通る声だ。

いったいこの人は何者!?　近所へ出かけるが如く、散歩姿でひとり、砂漠に乗り込んできた男。バスに揺られながら、彼への好奇心は募るばかりだった。バスのガタガタ音で、胸のドキドキ音がかき消されてしまう。この胸のドキドキは、砂漠に向かっているせいなんだろうか。それとも私は、旅先で初めて恋に落ちてしまったんだろうか。いや、違う、違う！　彼がたまたまキアヌに似てたから、ちょっと気になってるだけなんだ。

必死にそう自分に言い聞かせようとするのだが、油断するとバカなことばかり考えてしまう。

（どうか、彼が、私と塚田くんをカップルだと思いませんように！）

あぁ、んも〜っ、バカ、バカ‼　塚田くんが私の彼氏であろうとなかろうと、彼には関係ないことじゃん！　いったいどうしようってんだよっ！　モロッコをさまよっているうちに、私は頭のネジが外れてどうかしちゃったのか⁉　私には彼氏だっているっていうのに！

心のめまぐるしい動きに、私は自分自身でも驚いていた。好きな人がいるのに他の人に気が行くなんて、本当に初めてのことだったのだ。これが、あのたび重なるリビドー攻撃を耐え抜いてきた自分だとは信じられなかった。あれだけ男どもを拒絶しまくってきたクセに、ナニ自分から飛び込んでんだよっ！　飛んで火に入る夏の虫とは、まさにこのことだ〜‼

みなが平然としているバスの中で、私はひとり、興奮のるつぼのまっただ中に身を置いていた。彼にも、塚田くんにも、この心の内を読まれてはなるまい！　彼に対してどうこうするつもりもなかったし、一緒にいる塚田くんだって、私がいきなり鼻の下伸ばしてデレデレしだしたらいい気はしないだろう。自慢じゃないけど、私はスキあらば人を笑かそうとしてるキャラだから、好きな人がいても自分からモーションをかけようとしない限り、相手にもまわりにも自分の恋心がバレたことのない、さみしい人間なのだ。

　それでもバスに乗っている間中、私の目はさりげに泳いでいた。彼の姿を追って。


　マハミドに着いたのは、少し早い夕方だった。

(彼はどうするんだろう!?)と気になりながらバスを降りると、そこはまさに砂漠のオアシスという感じの村だった。四方八方、見渡す限り乾いた薄茶色の大地が広がっていて、ところどころにヤシの木が青々と茂っている。村に立ち並んでいる小さな家々は、どの家もピンクがかった薄茶色の壁で、高い建物がまったくない。

　キアヌ似の彼も宿を探すというので、一緒に行くことになった。

　彼の名前はミケル、26歳。スペイン人で、バルセロナ生まれのバルセロナ育ちだという。スギやんとスペインを旅していた日々のことが、プチ走馬灯のように胸に蘇る。

「モロッコに来る前スペインを旅していたんだけど、スペインって食事もおいしいし、人もいいし、ホントいい国だよねぇ！」

彼は私の方を見てにっこりした。

「自分の国のことを、そんなふうに言ってもらえると嬉しいな」

ミケルが、旅をしているうちに大好きになったスペイン出身だと聞いて、私はますます彼に親しみを感じてしまった。

「それにしても、気持ちがいいくらい、何もないところだねぇ！」とミケルがグーッと伸びをしながら言う。

「あなたはどうして砂漠に来ようと思ったの？」

私が聞くと、彼は飄々と言った。

「急にまとまった休みが取れることになってさ、ふっと、砂漠にでも行ってみようかなって思ったんだよ」

グゲーッ!!　かっくい〜！　っていうか、カッコよすぎ!!　休みが取れたからって、フツー砂漠に行こうと思うかぁ？

確かにスペインからモロッコは日本から来るのに比べれば全然近いけど、それにしても彼が都会の野性児であることは間違いなかった。彼は体育会系の人が持つような感じで、肩に軽くボストンバッグをひっかけていた。これから砂漠をサバイバルしに行くというのに、彼は小さなバッグをひとつ持っているだけ。彼はいつもこういうスタイルの旅をしているんだろうか。

「こんなふうに、あなたはよくひとり旅をするの？」

「僕はいつもこうなんだよ。休みが取れると、すぐフラッとひとりでどこかに行きたくなっちゃうんだ」

きゃ〜っ!!　ひぃ〜っ!!　私は、目には見えないペンライトを彼に向かって振りまくっていた。一度でいいから言ってみたい、そのセリフ！　私なんて決死の覚悟をしないことには、ひとり旅に出られないのだ。しかも今回なんてリビドー攻撃のハンデ付きだったから、途中からひとり旅ではなくなってしまっている。

その見目カタチから大胆不敵な行動力まで、なにもかもが羨《うらや》ましすぎた。私は生まれ変わることができたら、彼になりたいぐらいだった。彼になって、リビドーの嵐に揉まれることなく、自由に世界中をひとり旅してみたいなぁ！　んでもって、逆に、世界中のイイ女をブイブイいわせたりするのもいいかも、なんてバカなことまで考えてしまう。

ミケルはスペイン人にしては珍しく、分かりやすい英語を話す人だった。彼は砂漠の村に来たことが嬉しくてたまらないという感じで言う。

「だってさ、世の中には、自分の知らない世界がたくさんあるじゃない？　見れば見るほど、知れば知るほど、自分はまだまだ何も知らないんだってことを思い知らされるんだよ。だから僕はひとつでも多く、いろんな世界を見てみたいんだ。そう思わない？」

ウン、ウン!! 思う、思う!! 私は彼の意見に両手《もろて》をあげての大賛成だった。

それにしても、言うこと為《な》すこと想像通りの、いや、想像以上の男っぷりだ。私は彼のあまりのカッコよさにめまいさえしてきて、頭がどうにかなってしまいそうだった。

ミケルと同じ宿になればいいな。そしたらもっとお近づきになれるのにな。そんなことばかり考えながら歩いているうちに、村の中央らしき広場に着いた。広場といってもただの広い空き地で、やる気のなさそうな小さな雑貨店と食堂があるだけの寂しい場所だ。広場の端っこで、小さな子どもたちがボールを蹴って遊んでいる。食堂兼カフェでは、おっちゃんたちがチビチビとミントティーを飲んでいた。

雑貨屋のおじさんに聞くと、この村に宿は2軒しかないのだという。感じのいい方の宿はどちらかと尋ね、おじさんにオススメされた方の宿に行ってみることにした。

宿は、他の家々の間にまぎれるように建っていた。出ている看板も小さかったから、初めは宿だと気づかず通りすぎてしまったほどの地味さだ。中に入ってみると、レセプションのようなものはなく、普通の小さな一軒家という感じだった。

宿のおっちゃんに「部屋を見せてほしい」と頼むと、8畳ほどの部屋に通された。アラブ風の赤いカーペットが敷いてあり、クッションがいくつか転がっているだけの簡素な部屋で、ベッドもなければテーブルもない。いわゆる雑魚寝《ざこね》スタイルの大部屋だ。

「ここだと3人で泊まれるよ」とおっちゃん。

ミケルが私たちに聞いてくる。

「僕はここでオーケーだけど、きみたちもオーケーかい？」

「もちろん！」と、私と塚田くん。

彼と同じ屋根の下の、同じ部屋の中で寝ることになるだなんて！　でも、私、臭くないかな。最後にシャワーを浴びたのはいつだっけ!?　どうしよう〜！　って、どうするもクソもないじゃん！　ミケルと出会ってからというもの、自分へのひとりツッコミが増えるばかりだった。

日が暮れてきたので、３人で宿の外に出てみた。

オレンジ色の夕日が、はるか彼方の地平線に落ちようとしているのが見える。雲が夕日に照らされて、ピンクやオレンジのグラデーションのかかった夕焼け雲になっていた。神々しい光が、薄茶色の小さな家々を赤く染め始めている。私はその美しさにうっとりしてしまった。

日が落ちると、街灯がないせいで村は暗闇に包まれ、しいんと静まりかえった。

宿に帰ってしばらくすると、おっちゃんふたりが夕食を部屋に運んできてくれた。大皿に盛られたタジン（煮込み料理）は素朴な味で、空きっ腹にやさしい美味さだった。

　夕食を食べ終わると、おっちゃんらがミントティーを持ってきてくれた。ミントティーを飲んでいると、彼らが太鼓を持ってきて陽気に踊り始めた。

　初めは、「この宿はダンスのサービス付きなのか？」と思ったのだが、おっちゃんらはどうも自分たちが踊りたいから踊っているようだった。確かにこの村には映画館もディスコもなさそうだから、ダンスは何よりの娯楽なんだろう。今夜、この宿に泊まっている客は私たち3人だけということもあって、おっちゃんらはなかなか去ろうとはしなかった。

　夜の10時をすぎたころ、急に電気がパっと消え、部屋の中が真っ暗闇になった。突然のことに驚き、固まっていると、おっちゃんらは平然とろうそくを持ってきた。この落ち着きぶりから察して、どうやら夜は電気がつかなくなるようだ。部屋の数カ所にろうそくを灯《とも》すと、彼らは再び何事もなかったかのように踊り始めた。

　ろうそくの灯りがゆらゆら揺れていて、幻想的なムードが漂っている。

　眠たさや疲れもあって、私の頭もゆらゆらし始めていた。

　炎の向こう側には、おだやかな顔で手拍子をしているミケルの姿があって、私はなんだか夢を見ているような気分だった。

「あんたらも一緒に踊ろうよ！」

おっちゃんらに促されるまま、私たちも見よう見まねでアラブダンスを踊る。

ミケルが踊る。

塚田くんも踊る。

ろうそくの小さな炎が、踊っている私たちの影を大きく照らし出していた。砂漠の町でのにぎやかな夜が静かに更けていった。

サハラ砂漠の王子さま

　朝早くに自然と目が覚めた。いよいよ今日は砂漠かと思うと興奮してしまい、二度寝ができなくなったのだ。隣の塚田くんを見ると、彼はまだグッスリ眠っていた。

　ミケルはどうしてるかな、と思い、塚田くんの向こう側に寝ているミケルをのぞいてみる。すると、彼はこちらの方に顔を向け、目をぱっちり開けていた。ミケルも起きてたんだ！

　彼がヒソヒソ声で話しかけてくる。

「ヒロシはまだ寝てるからさ、ちょっと向こうで話さない？」

　彼の呼びかけに私はこくり頷き、もそもそと毛布から出た。ミケルの真剣な口振りに、いったいなんだろうと胸がドキドキ高鳴ってくる。

　外に出てみると、村は朝の静けさの中に包まれていた。私はまるで中学生が好きな人とふたりっきりになったときのような気分だった。砂漠らしく、空気が乾いてはいるものの、なんともすがすがしい朝だ。あちらこちらから、ニワトリの鳴く声が聞こえてくる。

　ミケルが決心を固めたような顔で言った。

「実は、僕は砂漠に自力で行くつもりなんだよ」

「え!? 自力って、その、足で歩いてってこと!?」

彼の唐突な宣言に、私は腰が抜けそうになった。昨日の夜、宿のおっちゃんらから、この村は砂漠から一番近い場所にあるとはいえ、砂漠に行くにはラクダかランドローバーを手配してツアーを組むのが一般的だという話を聞き、彼らは「明日、村で一番いいガイドを紹介するよ」と言っていたし、私は当然ミケルもそうするものだと思い込んでいたのだ。

「そんな、自力で行くっていっても、ミケルだって砂漠には行ったことないんでしょ!? 危険すぎるよ!!」

私が強く反対すると、ミケルは飄々と言ってのけた。

「心配しなくても大丈夫だよ。危ないなと思ったら、途中で引き返してくればいいんだから」

その、「危ないな」と思ったときにはもう遅いんだってば！ そう思っても引き返せなかったから、遭難しちゃう人がたくさんいるのに！

「でさ、相談なんだけど、どう？ てることとヒロシも、僕と一緒に砂漠に行かないか？」

ぞえっ!? 私は今まで、彼の話を他人事《ひとごと》だと思って聞いていたのだ。

「だって、私、寝袋も持ってないし、それにえーっと……」

砂漠に泊まるつもりでモロッコまでやってきたというのに、私は寝袋を準備してくるのを忘れていたのだ。忘れていたというよりは、思いつかなかったといった方が正しい。いつでも行き当たりばったりで計画性のない私は、行けばどうにかなるだろうと思っていたのだ。塚田くんが寝袋を持っていたのは知っていたけど、昨日、荷物の少ないミケルも寝袋は持ってきたという話を聞いて、実はかなり焦っていた。

だが、彼は自信満々だった。

「寝袋なんかなくても、毛布を持っていけば平気だよ。僕らはまだまだ若いじゃないか。ガイドに頼んでツアーなんか組まなくても、丈夫な足があるんだよ。自分たちの足で砂漠を歩いて、大自然を実感しようよ！　見たところ、てるこは体力も十分ありそうな女性だし、君なら大丈夫だって！」

「いや〜、そ、そぉ？」

フツーなら「ほっといてよ！」と言いたくなるところなのに、ミケルのような旅慣れている人にそう言われると、自分を一人前の旅人だと認めてもらえたような気がして嬉しかった。言葉ってホント、「何を言うか」じゃなくて、「誰が言うか」なんだよな。

それにしても、厳しい大自然を相手に、徒歩で立ち向かうとは……。

ミケルの誘いを受けようか受けまいか、私は迷いに迷ってしまった。彼の心意気には、私だってもちろん賛成だ。塚田くんも私も、「自力で砂漠の近くまで行こう！」と思って、今までどの町でもツアーを頼まずにバスでここまでやってきたのだ。しかし、だ。同じ自力にしても、〝砂漠の近くまで〟行くのと、〝砂漠の中まで〟行くのとでは、まったく違う。やっぱり土地カンのない人間だけで砂漠行きを強行するのは不安だった。

いったいどうすればいいんだろう！　ミケルと一緒に砂漠には行きたい。でも、それはあまりにも無謀すぎるような気がする。砂漠に足を踏み入れたが最後、方向を見失い、迷子になってしまうこともありうるのだ。万が一のことになったらどうするんだ!?　旅立つ前にちんが送ってくれた、例の本のタイトル『サハラに死す』が頭の中を駆けめぐる。

白骨化した3人の遺体のそばに残された、ナゾのメモ帳……。3人がなぜ砂漠で行き倒れたのかを解く鍵だ！　とかなんとかカン違いされて、私が旅先で毎日つけている日記帳を見られでもしてみろっ。昨日バスの中で書き殴った「もろタイプの男発見!!」「キアヌにソックリ！　めまい!!　クラクラ!!」なんてアホなことしか書いてない日記帳、誰かに見られたら、それこそ後世までの恥だ。最悪の事態までシミュレーションしてしまった私は、心臓がバクバクしてきた。

そうこうしているうちに、塚田くんが起きてきた。

ミケルが塚田くんに、私に言ったのと同じことを話し始める。

私は正直、心の中で、(塚田くん、お願いだから、「それはちょっと危険だよ、宿の人にいいガイドを紹介してもらおうよ」とかナントカ言って!)と叫んでいた。

話を聞き終えた塚田くんは、至って冷静だった。

「でも、食事なんかはどうするの?」

さすがいいこと言うなぁ! そうだよ、食事の問題がある! 砂漠の中には食堂なんかないのだ。

だが、ミケルは全然動じなかった。

「ハハハ。食事ぐらい、食材を買い込んで、自分たちで作ればいいんだよ。僕は山に行ったときによくやってるから、ふたりに僕のおいしい手料理をごちそうするよ」

「え、でも、えーっと、えーっと……」

ええっ!! もう反論のネタないじゃん!! しかも、ここまでミケルに「大丈夫!」と豪語されてしまうと、他に砂漠行きを断る理由が見つからない。それに、こんな経験、二度とできないと思うと、彼の計画に心が惹《ひ》きつけられずにはいられなかった。

自分の好奇心がウズウズしだしているのが分かる。私は昔から、〝今しかできないこと〟にめちゃめちゃ弱いのだ。文化祭でも夏の花火大会でも、これってホント、今しかできないことだな! と思いながら参加しているときの気持ちの良さといったらない。そう考えると、ミケルの〝砂漠徒歩ツアー計画〟はまさに究極の、〝今しかできないこと〟だった。私と塚田くんのふたりだったらそんなことやろうとは思いもしなかったし、たとえ思ったとしても絶対実行しなかったことなのだ。

ミケルが「砂漠に行こう」と思ってスペインを出発した時期や、私たちが「砂漠に行こう」と思ってマラケシュを出発した時期なんかが、全部うまく繋がって、私たちはあの、砂漠行きのバスの中で出会ったのだ。この流れは、もう偶然ではないのかもしれない。私はとてもじゃないけど、自分の好奇心を抑えることができなかった。不安や恐ろしさを全部かき集めても、砂漠徒歩ツアーへの好奇心の方が勝《まさ》っていた。

塚田くんは私に「たかのさんさえオーケーなら、僕は全然構わないよ」と言い、私はもう頷くしかなかった。

まずは毛布を用意しようと、宿のおっちゃんに「砂漠に行くんで毛布、借りられます？」と聞いてみる。すると、昨夜はあんなにゴキゲンだったのに、おっちゃんは首をブルンブルンと振った。

「ダメだね。帰ってこないかもしれないような人に、ウチの大事な毛布は貸せんよ」

そんな縁起でもないこと‼　一瞬、不安が爆発するが、おっちゃんの態度は昨日と違って明らかに不機嫌だった。おっちゃんはガイドを紹介してマージンをもらうつもりだったらしく、我々が突然「ガイドはいらない」と言いだしたことに腹を立て、そんなことを言っているようなのだ。そうだ、そうに違いない！　私は懸命にそう自分に言い聞かせた。

借りるのが無理なら買うしかない。私たちは早速、食料やら毛布やらの買い出しに出かけることにした。

村の広場に着いた私たちは、まずは腹ごしらえをすることにし、村に一軒しかない食堂で簡単な朝食を食べた。食後に、ミケルが食堂の主人に尋ねる。

「食料とか毛布を売ってるマーケットはどこにあります？」

人のよさそうなおっちゃんが言う。

「常設のマーケットなんてモノは、この村にはないんだよ。週に1回、市が開かれるんだけど、あいにくあさってだしねぇ。簡単なものだったら、あそこの雑貨屋で売ってるよ」

食堂の向かいの雑貨屋に直行すると、ミケルはまず、店のオヤジさんに毛布は売っているかと尋ねてくれた。オヤジさんが奥からボロい中古の毛布を持ってきてくれる。なんだか生暖かくて、「さっきまでオヤジさんの家族が使ってたんじゃないの？」と思わずにはいられない代物だったが、それでも毛布をゲットできた私はひと安心だった。

ミケルは狭い店内を見回し、「卵はある？　トマトは？　じゃあパンは？」と矢継ぎ早に尋ね、その店にある食材を片っ端からチェックしだした。だが、しばらくオヤジさんとやりとりすると、週1の市から5日もたっているおかげで、食材がほとんど品切れだということが判明した。

「この村には本当に何もないんだなぁ。おいしいアウトドア料理を食べてもらおうと思ってたんだけど、ま、あるもので勝負するしかないね！」

ミケルは少しもめげちゃいなかった。彼はチェックした食材をもとに食事のメニューを考え、他に必要な食材のリストまで作っている。砂漠行きに不安でいっぱいの私としては、少しはめげてくれよ、と思わないでもなかった。食材が揃わなければ、砂漠徒歩ツアーをあきらめてくれるんじゃ……という淡い期待があったからだ。

だが、ミケルはもうヤル気マンマンになってしまっていた。というか、どう考えても、ますます燃えだしている。彼は、障害があればあるほど燃えるタイプの人であるらしく、今度はさっき朝食を取った食堂まで戻り、食材を譲ってもらえないかという交渉を始めた。

食堂のおっちゃんが、塩、コショウ、数種類のスパイス、バター、ジャムなどをビニール袋に入れてくれる。雑貨屋には置いてなかったタマネギ、ジャガイモをゲット。とりあえず、3人の2日分に相当する食料に、ペットボトルの水を6リットル、万が一のとき用のお菓子やフルーツをたんまり買い込んだ。

砂漠行きの話を聞いた食堂のおっちゃんが、心配そうな顔で言う。

「アンタたち、本当に自分たちだけで砂漠に行くつもりなのかい？　砂漠を甘く見ちゃイカンよ。悪いことは言わんから、やめときなって」

ミケルとおっちゃんとの会話を聞いて、食堂でミントティーを飲んでいたちょっとガラの悪そうな男たちが、からかうような口振りで口々に言ってくる。

「そんな観光客、今まで見たことねぇよ」

「オレは砂漠を知り尽くした男だ！　なんだったら、オレがガイドを引き受けるぜ」

「遭難しても、砂漠はデカすぎて、捜しようがないしな」

「砂漠の骨になっても知んねーぞ」

もうそれ以上、言うのはやめてぇ～!!　私は耳の穴を塞《ふさ》いで「ワワワワワ～!!」と叫び、彼らの声を遮断してしまいたかった。私ときたら心臓に毛が生えてそうなクセして、なんでこんなに心配性なんだろう。おっちゃんらが発するひと言、ひと言が、胸にグサグサ突き刺さる。やっと砂漠行きを決意したところだというのに、現地の人にそんなふうに言われると不安が不安を呼んで、恐ろしさが増す一方だった。

でもひょっとして、現時点で私がこの世でカッコイイ男ナンバーワンと認定した人と行き倒れるのであれば、それも女冥利《みょうり》に尽きる生き様なのかも!?　いや、それを言うなら死に様か？

　あぁ、どう考えても、このガラの悪そうなガイドらしき男たちと一緒に行く砂漠ツアーよりは、ミケルと塚田くんと行く砂漠徒歩ツアーの方が楽しいに決まっている。でも、でも、死ぬのはやっぱり怖い！　死ぬのだけはイヤだ‼

　頭の中で妄想をフル回転させ、自分が主演の『サハラに死す』を映像化したりしてビビりまくっているにもかかわらず、ミケルは男たちになんと言われようと、笑って相手にしなかった。

「ご心配なく。ちゃんと生きて帰ってくるから！」

　その姿を見ていると、彼を頼もしいと思う反面、現地の人がここまで言うのに、何もそこまで自力で行こうとしなくても、という気もした。「やっぱツアーで行った方が……」という言葉が出そうになるのを何度も飲み込んだ。ここまでいろいろ準備を進めてきて、今さら「やめようよ」と言える雰囲気ではなかったし、私はミケルのことを信じるしかないと思ったのだ。

　この人なら、きっと大丈夫だ。自力で砂漠に行こうと言いだすからには、今までよっぽどいろんな経験をしてきたに違いない。ミケルと話せば話すほど、さまざまな経験に培われて自然に身についたという感じの、確かな自信が感じられる。昨日からずっと彼のことを見てきたうえで、この人は絶対大丈夫だ！　と私の野性のカンが言っていた。だからこそ、彼についていく決心をしたんじゃないか！

ミケルがなにやら言うと、食堂のおっちゃんが小さなフライパンにヤカン、フォーク、スプーンなどを奥の台所から持ってきた。え⁉　そんなモノまで？　いろんなところでキャンプした経験があるんなら、普通、アウトドアグッズぐらい持ってこないか？　私は、調理道具ぐらいミケルが持ってきているものだとばかり思っていたのだ。だが、ミケルが持ってきているのは寝袋ひとつ、彼はあくまで手ブラ派なのだった。ウーム、すべてが現地調達の男。私はミケルのあまりの生命力と行動力に、うっとりするのを突き抜けて、ただただボー然とするばかりだった。

「これで準備は整ったね。さぁ、出発しようか！」

時間を見ると、ちょうど10時をまわったところだ。いよいよだった。食料をミケルと塚田くんが手分けして持ち、私も覚悟を決め、ふたりと一緒に歩きだした。

砂漠の入り口は、村のはずれから歩いて行ける距離にあった。向こうの方に目をやると、なだらかな弧をいくつも描いた薄茶色の大地が広がっているのが見える。

張り切って歩いているミケルが笑顔で言う。

「ほら、もうここが砂漠だよ。よし、行けるところまで行こう！」

これが砂漠!?　ところどころに木々が密集していて、一見なんの変哲もない土地だ。確かに下はサラサラの砂地だけど、まわりの至るところに、緑が固まって生い茂っている。砂漠って、木とか草とかなんにも生えてないところじゃないの!?　鳥取砂丘みたいなモノが延々続いてるんじゃなかったの!?

私は歩きにくくてしょうがない砂地を歩きながら、ミケルに駆け寄った。

「え?　え?　あの、ホラ、砂だらけの砂漠は?」

「ハハハ、砂漠っていっても、てるこがイメージしてる砂の砂漠だけが砂漠じゃないんだよ。砂漠って、要は不毛の地ってことだからね。食堂のおじさんも言ってたけど、砂だけの砂漠は広大なサハラ砂漠の中でもほんの一部なんだってさ」

映画『シェルタリング・スカイ』に出てきた、風で砂がサラサラと吹かれている幻想的で美しい世界を想像していただけに、私はガッカリしてしまった。

「でも、砂の砂漠の場所もおじさんに聞いて確認してきたから、あとで必ず見れるよ。だだっ広い砂漠に寝転がって、日の出や日の入りを見よう!　きっと素晴らしいよ」

ミケルが言ったのを受けて、塚田くんが嬉しそうに言う。

「そうだね、夕焼けを見るのが今から楽しみだな」

塚田くんはもうすでにあるがままを受け入れる態勢で、なんでも楽しもうとしている。ミケルはときおり方位磁石に目をやり、進むべき方向をチェックしながら歩いていた。

見渡す限り、四方八方、とてつもないスケールの砂漠だ。砂漠をズンズン歩きだした我らが砂漠徒歩ツアー一行は3人で横並びに歩いていて、まるでGメンのようだった。

それにしても、砂地の歩きにくいことといったら！　サラサラの砂地に足を踏み出すと、靴の半分ぐらいまでズズッと砂の中にめり込んでしまう。普通に歩いているだけなのに、相当の体力を消耗するのだ。それにちょっと歩いただけで、サラサラの細かい砂が靴の中に入ってくるから、砂を出しては靴を履き直すの繰り返し。ふたりとも歩くのがかなり速く、私は砂を掃き出すたびに後れを取ってしまい、その遅れを取り戻すために小走りしなければならなかった。

「ねぇねぇ、塚田くんの靴、砂入ってこない？」

「ちょっとは入ってくるけど、そんなにひどくはないよ」

ちぇっ、使えない靴履いてきちゃったな。いったいどこの靴⁉　もう二度とこのメーカーの靴なんて買うもんか！　八つ当たりできるのが靴しか見あたらなかったので、私は心の中で自分の靴に対してブツブツ文句を言っていた。まだ30分も歩いていないというのに、堪《こら》え性がない私は黙々と砂漠を歩くのに飽きかけていたのだ。

昼すぎになって、日差しが強くなってきた。

上着を着ていると暑いぐらいだったが、脱いでも手に持つしかないので、そのまま歩き続けることにした。買った毛布がかさばって、リュックの中は毛布と2リットルの水ですでにパンパンだったのだ。太陽がギラギラ照りつけ、荷物は重いわ、靴に砂が入るわで、私はだんだんグッタリしてきた。

そんな私をよそに、ミケルは伸び伸びしていて、実に楽しそうだった。

「砂漠を足で歩くっていうのは、気持ちがいいもんだね！　だいたいここまで来て、ツアーで砂漠に行くなんてバカげてるよ。ランドローバーとかラクダに乗って砂漠のポイントまで行ってさ、ガイドが食事も作って、何から何まで全部おまかせなんだよ。それで『ハイ、夕日見て』『ハイ、これが朝日』なんて感じで、あとはもう引き返してくるだけ。そんなの味気なさすぎるよ」

私はラクダのこぶとか、ちょっと乗ってみたかったけどな……。でもそんな本音、意気揚々としているミケルの前ではとてもじゃないけど言えなかった。

塚田くんがミケルに調子よく相づちを打つ。

「ホント、そうだよね、僕らはこんなに丈夫な足があるんだから！」

薄茶色の砂漠の中に緑がポツポツという代わり映えしない風景が、延々と果てしなく続いていた。歩けば歩くほど、これと同じ距離を後で引き返さなければならないのだと思うと、気が遠くなってくる。もうなるようにしかならん！　前へ前へと進むしかなかった。

歩き始めて4時間はたっただろうか。私たちは思いついたことをポツポツと話し、ときおりパーッと盛り上がっては、またシーンとなって黙々と歩き続けるといったローテーションを繰り返していた。すでに3人の目的も気持ちもひとつになり、「何がなんでも砂砂漠《すなさばく》に寝転がって、日の出と日の入りを見るぞ！」という感じになっていたから、沈黙することにお互い気を遣わなくなっていたのだ。

しばらく歩くと、緑の数がかなり減り、だんだん砂だけの砂漠っぽい感じになってきた。シーンと静まりかえっている砂漠の中で全員が黙ると、聞こえるのは風の音と、自分たちの足音だけになる。

シャワッ、シャワッ、シャワッ、シャワッ。

私は足元がへこむさまに目をやったり、はるか向こうを見渡したりしながら、自分の足音に耳を澄ませた。

右手を前に振り出すと同時に、自然と左足が持ち上がる。左手を前に振り出すと、またしても無意識のうちに右足がフッと持ち上がる。普段は気にかけたこともなかった〝歩く〟という行為を、ものスゴくリアルに意識させられる。ガマンしてひたすら歩き続けているうちに、私はいつのまにか楽しい気分になっていた。

あぁ、私は今、歩いてるんだなぁ！　なんか、歩くのって気持ちいい！　ランナーズ・ハイっていうのは聞いたことあったけど、ウォーカーズ・ハイがあったとは！

さらに2時間ほど歩くと、そこだけを切り取って見ればいかにも砂の砂漠っぽいポイントがあったので、私たちは休憩することにした。

他には誰もいない、砂漠の貸し切り状態だ。向こうの方にポツポツと緑のかたまりが見える以外、他には何もない。目の前に、周囲より少し小高くなっている砂砂漠の丘があったので、私と塚田くんは靴を脱ぎ、「ワァァァー！」と大声で叫びながら、その砂漠の丘に向かって走っていった。

砂漠の丘のてっぺんに腰を下ろし、遠くの方をぼんやり眺める。どこまでもどこまでも、砂漠が果てしなく続いていた。6時間も歩き続けていたおかげで膝がガクガクしていたが、気分は壮快だった。丘のなだらかな斜面に、自分たちがつけた足の形のまんまの足跡が見える。その、今つけたばかりの足跡が、風に洗われるようにして、みるみる消えてなくなっていく。砂漠に自分が来た証《あかし》なんて残せやしないんだなぁ。ダイナミックな大自然を前にすると、ちっぽけな自分の存在を思い知らされてしまう。

と、そのとき、丘のふもとにいるミケルに目をやると、彼は汗をかいたせいか、服を脱いで上半身ハダカになり、Tシャツを着替えだしていた。キャ〜ッ!! ヒィ〜ッ!! これを見逃してなるものかっ。

私はミケルが着替えているのなんて全然気にしていないフリをしながら、もう目ン玉をこじあけるようにしてその様子を見つめた。遠くからでも、ミケルの体がキュッと引き締まっているのは一目瞭然だった。スリムはスリムでも見事な筋肉質で、そのバディには余分な脂肪が一切ついていなかった。体脂肪率でいうと、絶対ひと桁だろう。まるで彫刻のような美しさだ。

あぁ〜、バカバカ!! なんで双眼鏡持ってこなかったんだろう! 一番大事なのは寝袋より何より双眼鏡だったんじゃん!! いくら後悔してもし足りない気持ちで、私は心の中で地団駄を踏みまくっていた。

着替え終わったミケルが、私たちの座っている丘にダーッと駆け上がってきた。3人のうち誰が一番早く下まで駆け下りることができるかを、何度も何度も競い合う。私たちは時間を忘れ、子どもに還《かえ》ったようになってハシャギまくった。誰もいない、何をしたっていい、どんな大声を出しても構わない、砂漠はいい大人がバカになるのにもってこいの遊び場だった。

　3人で砂の上にゴロンと寝っ転がる。なんともいえない晴れ晴れとした気分だった。誰も話さなくなると、一瞬にして静寂の世界に包まれるのだ。辺りはしいんと静まりかえっていて、風の音だけがする。

　疲れのピークがすぎ、限界を突き抜けて麻痺《まひ》してしまったのか、体のダルさは全然感じなくなっている。

　そのとき、ミケルのお腹がギュルル〜!! と鳴った。

「ハハ、さすがに腹がヘってきたなぁ。てることとヒロシはどう？」

　私たちはミケルの言葉にウンウン頷き、「腹ヘッた〜!!」と叫んだ。

「よし、ちょっと早いけど、あそこで食事にしようか」

　彼ははるか向こうの方に見える、大きな木が何本か固まって生い茂っている場所を指さした。

　ミケルの言ったポイントまで歩くと、大木のうちの1本が枯れ果て、真っ二つに折れていた。枯れ木の根っこのところがちょうど窪《くぼ》んでいて、確かに火をおこすのによさそうな場所だ。よくこんなナイスなポイントが、あんなに離れた場所から見つけられたものだ。いったいミケルの視力はいくつなんだろう!?

サハラにつけた徒歩ツアーメンバーの足跡

「じゃあ、てることとヒロシは、燃えやすそうな木を探してくれる？　今日はここで野宿するのがベストだと思うから、たき火用にもできるよう、なるべくたくさん集めてきて」

ミケルは料理係、私と塚田くんは薪《たきぎ》集めの係になり、それぞれの作業に移った。

燃えやすそうな木といっても、薪にふさわしい枯れ木となると、そう簡単には見つからなかった。塚田くんと手分けして、薪を取りに行ける範囲の場所をめいっぱい歩きまわる。薪を山ほど抱えてミケルのいるところまで帰ってくるたびに、私は彼が手際よく野菜を切っている姿にいちいちホレボレしてしまった。でも、みんな働いてるんだからポーッとしていてはイカン！　と自分にムチを打ち、また枯れ木を探しに行くのだった。

1時間ぐらいかけて、ようやく大きなゴミ袋5杯分ぐらいの枯れ木を集めることができた。ミケルが慣れた手つきで、枯れ木の窪みに大きな石を置き、その上に薪を重ね始める。かまどの準備が整うと、彼は雑貨屋で買ったマッチ箱を取り出し、火をつけにかかった。だが、いくら擦っても火がつかない。どうやらマッチはすべてしけてしまっているようだった。

「参ったな、ふたりはライター持ってる？」

私たちは首を振った。ここにいる3人の中にスモーカーはいなかったので、誰もライターを持っていなかったのだ。

「チッ、あのオヤジ、ロクでもないマッチを売りつけるな」

ミケルが吐き捨てるように言ったのを聞いて、背筋がゾーッとした。商売というモノが、信頼関係で成り立っていたのだということを思わずにはいられなかった。雑貨屋のオヤジにしてみれば「ゴメン、不良品だった？」で済むかもしれないけど、砂漠に来てしまった私たちにしてみれば命に関わる一大事だ。

私たちのディナーはいったいどうなるんだろう!?　いや、ディナーどころの騒ぎじゃない、火がおこせないということは、今後もずっと食事はおあずけということではないか。

だが、ミケルは少しも慌てず、その辺から乾いた板を拾ってくると、細い枝を突き刺し、キリで穴を開けるような要領で木と木を擦り始めた。

「しばらくやってるうちに燃えだすから、もうちょっと待ってて」

私は心底たまげてしまった。自力で火をおこそうとする人なんて見たのは生まれて初めてだったからだ。屋外で火を扱うのは一見簡単そうに見えて、並大抵のことではない。子どものころキャンプに行ったとき、一度おこした火を消さないようにするだけでも相当苦労したことを思う。本当に、何から何まで現地調達の男だ。

だが、ミケルが言うほど簡単には火はおきなかった。風が吹いているうえ、空気が思ったより湿気を含んでいるようで、擦っても擦っても小さな穴が開くだけ。ミケルひとりでは大変だろうと、交代して私と塚田くんも擦ってはみるが、力まかせに擦ればいいというものではなく、完全にお手上げだった。

それでもミケルが数十分、根気強く木と木を擦り続けているうちに、小さな煙が出始めた。ミケルはここぞとばかりに激しく擦りまくっている。モウモウと煙が立ち上ったところで、彼が火を消さないよう気をつけながら、薪を重ねているところまで持っていく。火は徐々に薪へと燃え移り、どうにか消えない程度に火がついた。

「ウオ〜ッ!! ヤッター!!」

「ついた、ついた〜!!」

みんなで大声をあげ、火がついたことを喜び合う。なんにもないところにいると、なんでもないことで、こんなにも感動できるものなんだなぁ。もしかすると、人は便利になればなるほど、快適になればなるほど、感動の数を減らしているのかもしれない。小さな火がボワッと燃えているのを眺めているだけで、私は今こんなに幸せなのだ。

それでも、自分が火ひとつ、おこすことができない人間だったということが、私にはショックでならなかった。それに引き換え、ミケルは何もないところでも火がおこせる人なのだ。私はまたしてもポワ〜ンとしてしまった。自分のできないことを目の前でまざまざと見せつけられて、ポワ〜ンとならない人間がいるだろうか。私は彼の野性味あふれる自然児ぶりに目を見張るばかりだった。

ミケルが薪の上にフライパンを置き、たっぷりのバターを落とし入れた。ジャガイモやタマネギがクタクタにやわらかくなったところで、トマトと溶き卵を流し、スパイスで味を調えて、ミケル風オムレツが完成。

みんなでフライパンを囲み、各自スプーンで直《じか》にオムレツをすくって食べる。うまっ!!

トロトロの卵をパンにかけて食べると、口の中いっぱいに幸せが広がった。場所が場所なだけに、このどデカい大自然の雰囲気も味の一部になっているんだろう、ミケルの作ってくれたオムレツは格別の美味さだった。

「ミケルって、なんでもできちゃうんだねぇ」と塚田くんがもぐもぐしながら言う。

ミケルは、そんなことないよ、という感じで首をすくめた。

「材料さえ揃えば、パエリヤをごちそうするつもりだったんだけどね！」

「うそ、マジで!?」

私がひっくり返るようなリアクションで驚くと、彼は笑いながら言った。

「ハハハ、ジョーダンだよ、ジョーダン！」

私たち3人はすっかり打ち解けて仲良くなり、軽口を叩き合える仲になっていた。

食後にヤカンでお湯を沸かし、インスタントコーヒーを作って飲みながら、まったりとした時間をすごす。

聞こう聞こうと思いながら、すっかり聞き忘れていたことを聞いてみる。

「ところで、ミケルは普段は何をやってる人なの？」

「僕はスペインで役者をやってるんだ。劇団を作っているから舞台が中心なんだけど、ときどき仲間たちと集まって、アートフィルムやビデオクリップを制作したりもしてるんだ」

「へぇ〜、ミケル、役者だったんだ！」

国が違うと文化事情が違うから、劇団といってもどの程度のモノなのか全然分からなかった。ただ、「ミケルは人気あるの？」と聞くと、「ウーン、そこそこかな。ま、これからだよ」と言っていたので、もしかするとスペインじゃちょっとした人なのかもしれない。そりゃこれだけの美男子、国がほっとかないよなぁ！

ミケルに昨夜、私たちが旅先で出会った者同士だったことは話してあったので、彼が突っ込んだ質問をしてきた。

「ヒロシはさ、恋人はいるの？」

「ウン、いるよ。1年前、日本国内をひとり旅してるときに出会ったんだ」

「てるこは？」

「私もいるよ。今は恋人だけど、もともとずっと友だちだった人なんだ」

で、私もミケルに、「ミケルは？　彼女いるの？」と聞いてみた。

「あぁ、いるよ。同じ劇団じゃないけど、彼女も役者仲間のひとりだよ」

ガーン!!

あぁ、人間にはなんで目がついてるんだろう！　この、目というやっかいなモノが顔にひっついてる限り、人はイイ男やイイ女に目を奪われてしまう。人はすぐ「人間は中身だよ」なんて言うけど、ドラマや映画に出てくるのは美男美女ばかりだ。なんのかんの言っても、みんなきれいな人間を見たいんだよ、アタシだって見たいんだっ!!

私は彼氏がいる負い目もあって、ミケルへのほのかな恋心を正当化しようと、必死に自分自身に対して言い訳をしていた。至って冷静を装いながら、ミケルに聞いてみる。

「ミケルの彼女って、どんな人なの？　誰に似てるとか、ある？」

「誰に似てるって、そうだなぁ、セクシーなタイプじゃないから……」

セクシーじゃない？　あ、てことは、ミケル、もしかしてセクシーじゃない系が好きなヒト？

「あぁ、そうそう、ちょっとメグ・ライアンに雰囲気が似てるかもね」

今世紀を代表する美男美女カップルではないか！　私は、キアヌ似のミケルとメグ似の彼女が一緒に歩いているところを想像しただけで、そのゴージャスぶりに頭がクラクラした。

「そっか、相当チャーミングな人なんだろうね」

「ハハ、どうかな。でも、てるこの小さい目もとってもチャーミングだよ」

ぎゃ〜っ!! ヒィ〜ッ!! もっと言って〜!! 社交辞令に決まってるのに、心が飛び上がらんばかりに喜んでしまうんだから、こればっかりはしょうがない。

気がつくと、日が暮れようとしているところだった。冷え込んできたと思ったら、いつのまにか空がグレーの雲に覆われてしまっている。夕焼けを見るどころか、今にも降ってきそうな勢いだ。

しばらくすると雨雲が出てきて、ポツポツと雨が降りだした。私たちは急いで食事の後片付けをし、木の下に入って雨宿りした。

ミケルが渋い顔で言う。

「この辺り一帯は、雨が降らないから砂漠になってるんだし、村の人たちも雨だけは降らないだろうと言ってたのに残念だな」

なんてこった！ せっかく砂漠まで来たっていうのに、これじゃあ朝日も夕日も見られやしない。急激な冷え込みで、体がガタガタと震えだす。風も強くなってきて、顔や耳が寒くて仕方がなかった。暑いのはいくらでもオーケーなのに、私は寒さにからきし弱いのだ。

日が落ちて、辺りが真っ暗になると、冷え込みはますます厳しくなってきた。

「今日は早く寝て、明日の朝、早く起きることにしよう。今日だって昼間はあんなに晴れてたんだ。きっと明日は天気になるよ」

ミケルがそう言い、みんな寝る準備をすることにした。ふたりは寝袋に入り、私は毛布にくるまった。体を横たえると、疲れがドッと出てくる。体が重くて重くて、このまま砂漠の中に沈んでしまうような気がした。

塚田くんは、寝袋に入ってミノ虫スタイルになると、すぐにうとうとし始めた。ミケルは寝袋に入ってしばらくは、ときどき起き上がってたき火の番をしてくれていたのだが、そのうちスウスウと安らかな寝息を立て始めた。ふたりとも、今日は一日中重い荷物を背負っていたから、相当疲れてたんだろう。私だって体は疲れ果ててグッタリしているのだが、寒すぎて頭が冴えてしまい、全然眠たくならないのだ。私はたき火に薪をくべようと思い、体を半分起こして大きな木にもたれかかった。

辺りは真っ暗で、遠くの方はもう何も見えない。空は真っ黒な雲に覆われていて、その黒雲が風で大きくうねりながら動いている。不気味な形の黒雲が、妖怪のように見えて仕方がなかった。星なんかひとつも出ていない、薄気味悪い空だ。

強い風がビュービューと音を立て、容赦なく吹きつけてくる。くべていた薪が雨に濡《ぬ》れ、とうとうたき火まで消えてしまった。ミケルが木の下に置いていた細いペン形の懐中電灯は、足元を照らすのもままならないほど頼りなかった。まわりとの距離感がまったくつかめなくなり、静けさがいっそう増す。

私は今まで、こんな真っ暗闇に包まれた世界を見たことがなかった。日本では深夜でも街灯が灯っているし、家中の電気を消してもカーテンの隙間から街灯の明かりが漏れてきたり、電化製品の赤いポッチが灯っていたりして、真っ暗になるということがない。私は本物の真っ暗闇の、どこまでも果てしない暗さに圧倒され、心細さで胸がいっぱいだった。

夜中の11時をすぎても、私はまったく眠ることができなかった。雨がやんだのはいいが、湿った空気が冷やされて、またさらに気温が下がったようだ。さらに具合の悪いことに、横殴りの雨に濡れてしまったおかげで毛布がグショグショだったのが、時間がたつにつれて氷のように固まりだした。

毛布から出てしまおうか。いや、でもそうすれば、吹きつけてくる寒風が体に直撃してしまう。毛布の中にいるのも地獄、外に出るのも地獄状態で、私は生きる屍《しかばね》のように青ざめていた。寒さのあまり、頭がもうろうとしてくる。自分が耐えうる寒さの限界をはるかに超えていた。それでもこのまま毛布の中で寝てしまったら、朝になったら凍死しているような気がして、ますます眠れなくなってしまう。

暗闇の中に身を置き、私はひとり、寒さにガタガタ震えていた。ふたりがそばにいるというのに、私はもの凄く孤独だった。いや、ふたりがそばにいるからこそ、よけいに孤独を感じてしまったのかもしれない。世界が静まりかえり、だだっ広い砂漠で、真っ暗闇の中でひとりポツンといることが、寒くて寒くて不安で不安でたまらなかった。

もう限界だ！　もう限界だ！　頭の中に〝限界〟という言葉ばかり駆けめぐる。結局、人間は独りぼっちなんだ。私がこんなに寒い思いをしていても、一緒にいるふたりには、私が今感じているこの辛さを分かってもらうことはできない。彼らはたまたま旅先で知り合った人たちだし、仲良しになったとはいえ、自分は自分で他人は他人なのだ。

あぁ！　私はなんで寝袋を持ってこなかったんだろう！　防水機能がある寝袋があれば、こんな死ぬような思いをせずに済んだのに！　自分の身は、自分で守りぬくしかないのだ！　私はなんて無計画な大バカ野郎なんだ！

そんなことをぼんやり考えているうちに、あまりの寒さと孤独感に苛《さいな》まれ、自分のバカさ加減に泣けてきた。声を出さずに涙を流していると、その涙が冷気に当たってますます顔が冷えてくる。私は顔を下に向けた。この、どアホ!!　寒くなるだけなんだから、泣くんじゃない！　必死にそう言い聞かせる。とにかく、朝が来るのを待つしかなかった。早く時間がすぎてくれることだけを、ひたすら祈り続けた。

どれぐらい時間がすぎただろう。一睡もできないまま下を向いていると、「眠れないの？」というミケルの声がした。

ハッと顔を上げると、少し離れていたところでミノ虫のようになって寝ていたミケルが目を開け、心配そうに私の顔を見ている。彼の顔も、寒さのせいで真っ青になっていた。

私が答えるのを待たずに、彼は寝袋のチャックを開けて私の方に近づいてきた。

「僕の寝袋に入って。君の毛布とチェンジしよう」

あぁ！ そのひと言がどれだけ嬉しかっただろう！ 張りつめていた体と心に、明かりがポッと灯ったような気がした。今までいろんな人にかけてもらった言葉の中で、間違いなく、一番感動した言葉だった。彼だって厳しい冷え込みのせいで目を覚ましたはずなのに、旅先で出会った行きずりの私に寝袋を譲ってくれるだなんて！ ミケルの優しさが身に染みて、人間は独りぼっちだ、などと勝手に決めつけていた自分がはずかしかった。

ミケルの好意に甘え、私は彼の寝袋の中に入らせてもらった。彼が「もう大丈夫だよ」と言いながら、寝袋のチャックを閉めてくれる。さっきまでミケルが寝ていたぬくもりが残っているおかげで、体も心も溶けていくような気がした。私は意識を失ったように深い眠りに落ちていった。彼のぬくもりを肌で感じながら。

朝方、あまりの冷え込みで、目が覚めてしまった。どうやら4時間ほど爆睡していたようだ。まだ日は昇っておらず、寒さはどう考えても、夜中よりもさらに厳しくなっていた。毛布の方に目をやると、ミケルの姿がない。どこに行ってしまったんだろう。まわりを見まわしてみると、彼は私たちが眠っている木のまわりを真っ青な顔で歩き回っているではないか！

まだ辺りが薄暗い中で、背を丸め、全身をガクガクと小刻みに震わせながら歩いているその姿は、まるで亡霊のようだった。昼間あれだけあった存在感がなくなり、彼がなんだかこの世の人ではないような気がしてゾッとしてしまった。もともとの色が白いから、生気を失っているかのような青白さだ。あんなにカッコ良かったミケルの黒髪が、強風でボサボサに逆立ち、砂にまみれてワカメみたいになってしまっている。

ミケルは、冷えきった毛布にくるまっていることに、耐えきれなくなったのに違いなかった。いったい彼は何時間、木のまわりを歩いていたんだろう。過酷な寒さに耐えて、そこまで辛い思いをしているというのに、彼が決して私を起こそうとしなかったことに、鉄のかたまりで胸を打たれたような衝撃を受ける。彼だって昨夜はほとんど寝ていないのだ。しかも、ミケルは私よりも全然痩《や》せているから、私が感じている寒さとは桁違いの寒さを感じているはずだ。このままではミケルが死んでしまう！

私は寝袋から出て、ミケルに言った。

「寝袋に入って寝て。交代しなきゃ、ミケルが凍えて死んじゃうよ！」

「ウゥ、アィッ、オッ、ケ」

ミケルは寒さでアゴがガタガタ震えていて、言葉も満足に話せないような状態になっているというのに、まだ自分は大丈夫だと強がっていた。おととい出会って以来、ずっと行動を共にして、こんなに弱った彼の姿を見たことはなかった。彼はいつだって飄々としていて、いつだってカッコよかった。昼間、なんでもやってのける彼に「スーパーマンだね！」と何度も言ったものだけど、彼もスーパーマンではなく、生身の人間だったのだ。

「ミケル、寝て。私はすっかり温まったから、もう大丈夫だよ」

「君の毛布が、あんなに濡れてたこと、知らなかったんだ」

ミケルが震えながら、申し訳なさそうに言う。

「寝袋持ってこなかった私がバカなんだってば。ミケル、お願いだから、寝袋に入って寝て。今日だって、どれだけ砂漠を歩くか分かんないんだよ！」

その言葉でミケルはようやく頷き、寝袋の中に入った。私は彼の寝袋のチャックを閉めながら、やつれ果てたミケルの真っ青な顔を間近で見て、泣きそうになってしまった。私は今まで、ここまで体を張って誰かに守ってもらったことがあっただろうか。こんなボロボロになるまで耐えてくれていたなんて……。それでも彼は、私を朝まで自分の寝袋に寝かせてくれるつもりだったのだ。

ミケルが真紫色になっている唇を震わせながら言う。

「じゃあ、後で交代しよう。１時間で大丈夫だよ。１時間たったら遠慮せず、必ず僕を叩き起こすんだよ！」

ミケルがそう念を押し、寝袋に入って寝てしまうと、私はまた過酷な寒さと格闘することになった。木にもたれ、ガタガタ震えながら、ひたすら日の出を待つ。風がビュービューと強く吹きつけてきて、もう寒いなんてものじゃなかった。顔と耳が凍えてきて、ヒリヒリしてくる。寒いを通り越して、全身が痛いのだ。

しばらくすると、今度は塚田くんが目を覚まし、声をかけてきた。

「寒くて眠れないの？」

彼も朝の深々とした冷え込みで目を覚ましたのに違いない。

「ウッ、ア」

私はすぐに声を出すことができなかった。顔がカチコチに固まってしまっていて、アゴがうまく動いてくれなかったのだ。

彼が寝袋からもそもそと出てきて言ってくれる。

「たかのさん、よかったら僕の寝袋の中で寝てよ」

あぁ、塚田くんまで寝袋を譲ってくれるなんて！　私は塚田くんの優しさが心底有り難かった。彼の言葉に甘えて、私は寝袋の中で寝させてもらうことにした。

寝袋の中は、塚田くんの体温でぬくぬくしていた。外の寒さに比べると寝袋の中は天国のように温かいのだが、そのうち体が寝袋に慣れてしまうと、寒さがまた体に浸透しだして全身がジンジンしびれてくる。

今日一日、ここにたどり着くまで行動を共にしてきて、塚田くんもミケルも、思いやりのある人たちだとは思っていた。彼らのかけてくれる言葉で、歩きがきつかった私はどれだけ救われたことだろう。自分の荷物も相当重いのに、「大丈夫？　荷物を持とうか？」と声をかけてくれたり、「歩いているうちに体が楽になってくるよ！」と励ましてくれたりもした。

でも、この砂漠徒歩ツアーのメンバーは、本当の本当に優しい人たちだったのだ。見かけや口先で表面的に優しく振る舞うことは、誰にだってできる。私にだってできる。でも、本当の優しさは、こういう極限状態になってみないと、絶対分からないような気がした。正直言って、もし私が自分の寝袋を持っていて私以外の誰かが寝袋を持っていなかったとしても、この強風が吹きすさぶ寒さの中で、即座に自分の寝袋を譲ってあげられる自信はなかったからだ。

自分を犠牲にしてでも、他人に対して献身的になれる彼らのことを、尊敬せずにはいられない。どれだけ強がっていても、人間はひとりでは生きていけないのだということを思い知らされてしまう。寒さの中でのぬくもりや、辛いときの優しさが、これほどまでに身に染みたことはなかった。

砂漠からの帰還

目を覚ますと、外がかなり暖かくなっていた。

木にもたれて座っていた塚田くんが「おはよう」と声をかけてくる。ミケルも起き出してきたので、朝食の準備を始めることになった。お湯を沸かしながら卵をゆで、そのお湯でコーヒーを作る。アツアツのコーヒーを飲んだおかげで、次第に体がポカポカと温まってきた。それぞれ、大きな丸いパンをちぎって、バターやマーマレードのジャムを塗って食べる。なんということもない簡素な朝食が、骨身に染みるぐらいおいしかった。

ミケルが「これからどうする？」と聞き、私と塚田くんの声が揃った。

「帰ろっか」

顔を見れば、ミケルの気持ちは聞くまでもなかった。砂漠を歩くというアイデアはナイスだったと思うし、その体験も悪くはなかったのだが、雨に降られたのがマズかった。結局、全員が睡眠不足だったし、疲れ果てていた。でも、そのことを誰も口にはしなかった。たぶん誰かが「疲れた」と言ったら最後、全員がドッと疲れを感じることになると、3人が3人とも分かっていたんだろう。

朝食を食べ終えた私たちは、その足で村へ引き返すことにした。

砂漠を歩く3人の足取りは、行きとは違ってかなり重かった。歩いてきた距離だけ戻らなければならないのかと思うと、気が遠くなってくる。それでもとにかく、歩くしかなかった。自分の足で前へ前へ踏み出さないことには、村までたどり着けないのだ。

しばらく歩いただけで、私たちは来たときとは比べものにならないほど言葉数が減ってしまっていた。ミケルがみんなの心を活気づけようと、ときどき話しかけてくれる。

「てるこは村に戻ったら、その後はどうするつもり？」

「とりあえずシャワーを浴びたいな。で、その後はマラケシュに戻るつもり」

「で、ヒロシは？」

「僕はいろいろうろつきながら、ゆっくりカサブランカまで戻るよ」

「そうか、僕はそろそろスペインに帰らなきゃならないからなぁ。僕も来るときはマラケシュから来たんだけど、帰りは違うルートにしてみようかな」

みんな、バラバラになってしまうんだ。もともとバラバラで来た者同士なんだから、当たり前といえば当たり前のことなんだけれど、私はなんだか寂しくてたまらなかった。一緒に砂漠を歩くなんていう、普通ではできない体験をしたせいなのかもしれない。こんなに濃い時間を共有しても、『スタンド・バイ・ミー』の4人みたいに、もう会わなくなっちゃうのかな……。

今、3人の気持ちは、いちいち確認するまでもなく、ひとつになっている。「早く帰りたい」、ただ、それだけだ。だが、3人の気持ちはひとつでも、3人の帰らんとしている場所はそれぞれ違う。分かっていたことだとはいえ、そのことが無性に切なかった。

でも、「帰る」って、どこへ？　私はどこに帰ろうとしているんだろう？　塚田くんはカサブランカに行くとはいっても、それは彼自身の世界に帰ることを意味していた。彼の日常を一緒に分かち合っている彼女に会うためだからだ。ミケルもスペインに帰って、自分の日常に戻ろうとしている。私は彼らの人生にチラッと顔を出した人間ではあるけれど、彼らの住んでいる世界の住人ではないのだ。

あぁ！　私の帰る場所はどこなんだろう！　私はいったいどこへ帰ればいいんだ？

そもそも私に帰る場所なんてあったのか？　塚田くんのように、私も恋人と一緒にモロッコに来ればよかったんだろうか。「一緒に行こうよ」と誘えば、旅好きな彼は絶対一緒に来てくれたはずだ。なのに、そんなこと考えもしなかった。自分の日常を置き去りにし、ひとりで旅立つからこそ、普段の生活では絶対会えなかった人たちと出会えるのだ。恋人はそんな私を誰よりも理解してくれる人だった。笑顔で私を見送ってくれた彼のことを想う。彼は本当に、私の帰る場所なんだろうか……。ふたりと別れて、私はこのまま、ひとりモロッコをさまよい続けるんだろうか……。さまざまな思いが浮かんでは消えていく。とりとめもないことを考えながら、私はひたすら歩いた。

途中、パン、お菓子、フルーツの簡単な昼食を取り、それ以外は休憩することもなく、私たちは黙々と歩き続けた。昼すぎになっても曇り空で、太陽の姿はほとんど見えなかった。天気が悪い中を延々歩いていると、気持ちまで滅入ってくる。ときおり思い出したようにポツポツ話をするだけで、会話は行きのように盛り上がることはなかった。

私はもう、何も考えないことにした。頭で何か考えているだけで、体力を消耗する気がしたからだ。ただ両手を振って、歩くことだけに専念する。足がちゃんと交互に出ているかどうかを確認しながら。右、左、右、左、右、左……。

かれこれ7、8時間は砂漠を歩き続けた。来るときはもっと元気だったから歩くスピードが速かったとはいえ、もう着いてもよさそうなものだ。まわりを見まわすと、緑の数もかなり増えているし、村を出発したときに見た風景に近いような気はする。なのに、どれだけ歩いても、いっこうに村が見えてくる気配がない。どこまでも果てがないように思えてくる砂漠を前に、ため息しか出てこなかった。

「おかしいなぁ。そろそろ着いてもいいころなんだけど。少し方向が違ったのかもしれないな」

ミケルは方位磁石を何度も見直しては、首を傾げている。彼もさすがに少し弱気になっているようだった。

「彼、道を間違えちゃったのかなぁ」

つい、日本語で塚田くんに話しかけてしまう。日本語の分からないミケルに悪いかと思い、私たちはなるべく日本語を使わないよう心掛けていた。私と塚田くんは日本人同士で片言の英語を話すという、とんでもなくハズカシいことにトライしていたのだ。

「ウーン、道を間違えるっていっても、もともと道なんてないしねぇ」

塚田くんが力なく笑う。彼がこんなに疲れているのを見たのも初めてのことだ。

さらに1時間歩いた。だが、どこまで歩き続けても、村にたどり着かない。方位磁石上ではたった1度の方角の誤りでも、砂漠では途方もない距離の誤差になってしまうのかもしれなかった。

「ウン、大丈夫、間違いない。あともう少しで、村に着くはずだよ」

ミケルは、塚田くんと私に向かって言っているようで、自分自身にも言い聞かせているようだった。疲労がピークに達し、私はもう体も心もバテバテだったので、とにかく足を前に前に進めることだけに意識を集中した。ミケルに「大丈夫なの⁉」と詰め寄ったところで、何も問題が解決しないことは分かっていたからだ。すべては彼と出会ったことから始まったのだし、彼を信じてついていく以外に道はない。

とにかく、ミケルを信じよう。この人を信じてここまで来たのだ。

「あとひと息だ！」とミケルが言う。

塚田くんと私がカラ元気を出し、声を揃えて「オー！」と応える。

「頑張ろう！」

「オー！」

「着いたらシャワーだ！」

「オー！」

私たちはまるで砂漠に筋トレしに来たスポーツ選手のようになっていた。頭のてっぺんからつま先まで、体中が砂にまみれている。髪の毛なんてもうパッサパサで、みんないつのまにかワカメっぽいドレッドヘアになってしまっていた。

精も根も尽き果てていたが、それでも歩くのをやめるわけにはいかなかった。今日、村までたどり着けないとなると、今夜も砂漠に泊まるはめになる。あの寒さは、どう考えても、私が人生の中で二度と経験したくないことナンバーワンだった。砂漠泊まりになることだけは、何がなんでも避けたかった。

いよいよ日も暮れようというころ、ようやくはるか向こうの方に、懐かしいマハミドの村が姿を現した。小さくしか見えないけど、村だ、間違いない！

「ヤッター！　見えた、見えた！」

「帰ってきたぞー！」

ホッとして腰が砕け、そのまま砂地に倒れ込んでしまいそうになる。自分が今、生きていることを、息をスーハーできていることを、こんなにも嬉しく感じたことはなかった。ミケルも塚田くんも疲れてはいるものの、晴れ晴れとした顔になって笑っている。私も心の底から笑った。助かった！　生きて帰ってこれたんだ！

マハミドに着いた私たちは、宿に置かせてもらっていた荷物をピックアップし、タクシーで隣のザゴラまで向かうことにした。宿にはシャワーがなく、ザゴラ行きのバスはもうなかったから、タクシーを奮発することにしたのだ。

3人でタクシーに乗り込むと、ドライバーは砂漠の村の人らしく、頭にスカーフをグルグ

モロッコ最果ての村、マハミド

ル巻いていた。ガンガンに鳴ってるアラブミュージックに乗せて、タクシーが猛烈な勢いで走りだす。

ドライバーの横には、ドライバーの友だちだという男の子が乗っていた。浅黒い肌の彼は、いかにもサハラから来たという感じの人で、髪も黒人のようなチリチリの天然パーマだった。モロッコにはアラブっぽい人もいれば、西欧人と見まがう人もいて、本当に人の顔の種類がさまざまだ。アフリカやアラブ、ヨーロッパとの長い交易の歴史が、人の顔に刻まれているのかもしれない。ヨーロッパの街が歴史博物館だとすれば、モロッコは国全体が人の顔の博物館のようだ。

アフリカ系の顔だちの彼が、片言の英語で話しかけてくる。

「砂漠はよかった？」

「イェーッ!!」

生きて帰ってくることができた今は、すべてが笑い話だ。私たちは腹ぺこになったお腹を抱え、ザゴラに着いたら何を食べようという話で盛り上がっていた。

ドライバーがブッ飛ばしてくれたおかげで、ザゴラまでは2時間だった。

日がとっぷり暮れ、辺りはすでに真っ暗になっている。何軒かの安宿に当たり、私たちはようやくシャワー付きのトリプルの部屋を見つけることができた。シングルベッドとダブルベッドが置いてあるだけの簡素な部屋だったが、広々としていて、砂漠の村とはえらい違いだ。

　早速、荷物を下ろし、宿の1階にあるレストランに夕食を食べに行くことにした。疲れ果てていて、とても外に出る気にはなれなかったのだ。

レストランにビールはなかったので、モロッコ製のオレンジの炭酸飲料で乾杯する。

「砂漠から生きて帰ってきたことに！」とミケル。

「カンパーイ!!」

　3人の声が揃った。

オーダーしたレモン味のチキンタジンや、サラダ、パンをがっつくような勢いで食べる。おいしいはおいしいのだが、もう腹ペコすぎて味なんて分からなかった。胃に食べ物が入っていくにつれ、眠気がドッと出てくる。食べながら眠ってしまいそうな勢いだったが、それでもシャワーだけは浴びたかった。

　一番早く食事を食べ終わった塚田くんからシャワーを浴びに行くことになった。塚田くんが席を外すと、私とミケルはふたりっきりになってしまった。

　何を話していいのか分からず、私は黙々と口を動かし続けた。明日になれば彼とも別れるのだと思うと、胸がちぎれてしまいそうになる。たぶん、ミケルとはもう二度と会えないだろう。旅先で出会った外国人と私はまだ再会したことがないし、ミケルに会いにスペインに行くことはありえないような気がした。

一緒にすごしたのはたった3日間なのに、出会って以来、なんていろんなことがあっただろう。

ミケルを初めてバスの中で見かけたときのことを思い出す。砂漠に持っていく食料を買い込んでいたときの嬉しそうな顔。なんにもない砂漠で火をおこしてみせたり、手際よく料理していた姿。私に寝袋を貸してしまったせいで、木のまわりを震えながら歩いていたときの背中。寒さで青白くなりながらも強がっていたときの表情……。いろんなシーンがありありと浮かんでくる。初めてミケルを見たときの、単にかっこいいという気持ちだけではなく、彼の本当にかっこいい姿を数え切れないほど見てきた。

今、私が彼に対して抱いている感情は、単に「かっこいい」とか「好き」とかいうレベルをはるかに上回っている。彼と離れがたい気持ちで胸がいっぱいだった。でも、だからといって、どうなるわけでもないのだ。彼はスペインに帰る。私の旅は続く。もともとその予定だったし、ただそれだけのこと。何度もそう思おうとしたが、さまざまな気持ちが心の中で入り乱れた。

ミケルを見ると、彼が私を見つめて言った。

「分かる？　僕も、君たちと同じ気持ちなんだよ」

「私たちと同じ気持ちって？」

「違う、違う。てるこの気持ちと僕の気持ちは、まったく同じだってこと」

　私は、彼が「ユー」と言ったのを、「君」という単数ではなく、「君たち」という複数形を指していると思ったのだ。「君と同じ気持ちだ」という言葉を聞いて、私は顔から火が出そうになってしまった。彼が私と同じ気持ちだということは、その、つまり……。

　ミケルは感情を込めながら、ゆっくり話し始めた。

「ヒロシとてるこに出会えて、僕は本当に嬉しかったよ。明日、ヒロシと別れるのはもちろん悲しいよ」

　ミケルは私の目をじっと見つめて言う。

「でもね、てるこ。君との別れは、特別なんだ。分かるよね？」

　いくら鈍感な私でも、彼が何を言わんとしているかが分かってきた。でも敢えて、普通に別れが悲しいという方向の話に持っていこうとした。

「分かるよ。私もミケルと別れるの、ホント寂しいもん」

　なるだけ深刻なムードにならないよう、努めて明るく言った。

　だが、彼は今まで見たこともない情熱的な顔になっている。

「あぁ！　僕は君を離したくない気持ちでいっぱいなんだ！　自分でも、自分の気持ちに驚いてる。いや、もちろん初めて会ったときからチャーミングな人だとは思っていたけど、あぁ、クレージーだ、今、僕はもう、君がいとおしくていとおしくてたまらないんだよ！」

ミケルが熱っぽく話せば話すほど、ため息がこぼれてくる。彼にそんなふうに言ってもらえるなんて、飛び上がらんばかりに嬉しい。なのに、それと同じくらいの強さで、明日彼と別れなければならないのだという事実が重くのしかかってきて、私はどうしても手放しでは喜べなかった。

彼の口からほとばしるように出てくる言葉が、自分でも不思議なくらい違和感なく、心に染み込んでくる。実は、私も砂漠から引き返してきたころから、もしかしてミケルも私と同じ気持ちではないかと思うことがたびたびあったからだ。でもそれは、私の思い違いだと思うようにしていた。同じ気持ちであることが分かったところで、私たちには一緒にいられる未来なんてなかったからだ。

「たぶん、僕たちの考えていることは同じだよ。なんていうか、うまく説明できないけど、気持ちがシンクロしてて、てるこが考えていること、感じていること、全部手に取るように分かってしまうんだ」

私は静かに頷いた。あぁ、彼もやっぱり私と同じ気持ちだったんだ！

「君には恋人がいて、僕にも恋人がいる。お互いそれぞれの生活があるから、いつかはそれぞれの国に帰らなきゃならない。だから、君は、自分の気持ちを胸の中にしまってた。そんなこと、打ち明けたってしょうがないと思ってた。てるこ、僕だってそうだよ」

　彼がしゃべっているというのに、まるでもうひとりの自分が話しているのを聞いているような気分だった。彼の気持ちと私の気持ちは、合わせ鏡のように一致していた。それでも、私はあくまで冷静な姿勢を崩そうとはしなかった。彼が話すのをただ黙って聞いていた。

「でも、僕たちは明日、離ればなれになってしまうんだよ！　なのに、あぁ、なんて言えばいいんだろう」

「なに？　言って」

「僕は今、こんなに自分の気持ちに素直になってるんだ。なのに、どうして君は、自分の気持ちに素直にならないの？　どうして僕の言葉に何も応えてくれないの？　君はあんなに自分の感情を表情豊かに伝えてくれる人だったじゃない。僕だって、自分のこと、ちょっとどうかしてると思ってるよ。自分の恋人に悪いと思わないわけじゃない。でも、僕たちは生身の人間なんだよ。寒さに震えたり、お腹が空いたり、そして、ときにはこんな気持ちになってしまうことだってある………」

　彼がそこまで言うのを聞いて、私は子どもが泣くようにしゃくりだしてしまった。自分の痛いところをグサッと突かれてしまったからだ。

　私はずっと、自分のセクシャルな部分を出さないようにして生きてきた。そういうのは苦手だったし、自分には似合わないと思っていたからだ。そんな中で、初めて素直に自分の女の部分をさらけ出せるようになった人が、今の恋人だった。なのにこの旅に出てくる直前、私は彼に言われたひと言が忘れられなくなっていた。私からちょっと大胆に彼にキスを迫ったら、「女の子はフツーそんなふうにしないものだよ」と言われてしまったのだ。初めて自分が素直になれた人だっただけに、私の心はそのたったひと言でグサグサに傷ついてしまったのだ。

　彼にしてみれば、軽い冗談のようなつもりで言った言葉だったんだと思う。たわいのない会話の流れの中で出てきた言葉だったし、たぶん彼は自分がそんなことを言ったなんて覚えてもいないだろう。私たちはうまくいっていたから、彼のそのひと言を忘れてしまおうと何度も思った。なのに、モロッコを旅し始めてからというもの、自分が女であることを意識させられるたびに、彼に言われたその言葉を思い出さずにはいられなくなっていた。

　たったひと言ではあっても、その言葉は、彼の生きてきたバックグラウンドから発せられたものなのだ。砂漠でのたった1度の方位磁石の誤差が、途方もない距離まで広がってしまったように、彼のたったひと言が、私を果てしなく傷つけていた。自分が女であることが無性に悲しかった。私は、自分が女でなければよかったのにと何度思ったことだろう！

「私はその、こんな性格だし、色気もないし、ずっとそういうの、苦手で……」

私はミケルに、自分のコンプレックスから、恋人に言われたひと言に傷ついてしまったことまで、すべてを包み隠さず話した。

「私たちがこんな気持ちになってしまったのは、たぶん、砂漠の夜のせいだよ。異常な寒さだったし……」

私がそう言うと、彼が続けた。

「普通じゃない、極限の体験をしちゃったからね」

私だってあんなことがなければ、ここまでの気持ちには絶対ならなかっただろう。

「もちろんあんなに寒そうにしている人を見たら、誰だってほうってはおけない気持ちにはなるよ。でもあれは、あそこまでしたのは、君に並々ならない気持ちを持っていたからに決まってるじゃないか。僕は寒さに耐えながら、本当に死ぬような思いだったんだよ。君はぐっすり寝ていたから知らないだろうけど、実はあの後また雨が降りだして大変だったんだ」

彼は初めて昨夜の寒さに関して弱音を吐いた。

「君はさ、僕が砂漠で何かしようとするたびに、子どもみたいにはしゃいだり、驚いたりしていただろ？　僕はそんな君の姿がいちいち新鮮で、かわいくて仕方がなかったよ。てるこ、もっと自信を持ってくれ。君は僕の心をこんなにも揺さぶっているんだ。君は本当にチャーミングだし、セクシーだよ。その証拠に、僕は今、君に触れたくて、君を抱きしめたくて、もうどうしようもないよ！」

ミケルはそう言って、私の手の上に自分の手のひらを重ねた。彼と触れているその手の甲の部分が、燃えるような熱さを帯びだしている。まるで、そのまま私の心臓まで溶かしてしまうような熱さだ。

ミケルがかけてくれる言葉のひとつひとつで、自分のコンプレックスが溶けていくような気がした。心の奥底から怒濤《どとう》のように激しい情熱が突き上げてきて、私は寒くもないのに小刻みに震えていた。

3年間の友だち期間を経たうえで付き合い始めた恋人と一緒にいても、私のコンプレックスがなくなることはなかった。それなのに、たった3日間しか一緒にすごしていないミケルが、私のコンプレックスをこんなにも癒してくれているのだ。

理由や状況がなんであろうと、そんなことはもうどうでもいいことだった。ただもう、胸が痛くて痛くてたまらないのだ。彼のことが、いとおしくていとおしくていとおしくてたまらないのだ。息をすることすら苦しい。時間がすぎていくことさえ口惜しい。

今、こんなに近くにいる彼が、手を伸ばせばお互い触れることのできる距離にいる彼が、明日になればもう見ることすらかなわなくなってしまうだなんて！

目の前で私をじっと見つめているのは、昨夜、私のことを体を張って守ってくれた男だ。そして彼にしてみれば、目の前にいるのは、昨夜、自分が体を張って守ろうとした女なのだ。

「私たちが、男と女だった、からなのかな」

ポツリ言うと、彼は少し笑って応えた。

「そりゃまぁ、僕とヒロシだったら、こんな気持ちにはならなかっただろうね」

私たちは顔を見合わせ、苦笑いしてしまった。

まわりを見渡してみると、広い店内にいるのは私たちだけで、客はもう誰もいなくなっていた。私たちは時間がたつのも、体の疲れも忘れて、ずっと話し込んでいたのだ。

それにしても2時間以上たっているというのに、塚田くんがなかなか帰ってこない。私たちは部屋に戻ってみることにした。

ドアを開けて中に入ると、塚田くんはまるで行き倒れた人のように、シングルベッドの上にうつぶせになってグッスリ眠ってしまっていた。その姿からして、たぶんちょっと休もうと思ってそのまま寝てしまったようだ。

残された方のダブルベッドを見て、私とミケルは思わず笑ってしまった。

「仕方ないなぁ」とミケルが小声で言い、私もそれに応える。

った。

隣で一緒に眠れる！　最後の夜を、隣で一緒に眠ることができるだけで、私たちは幸せだった。

「仕方ない、よね？」

私が先にシャワーを浴びて、ベッドに入る。しばらくして、ミケルがシャワーから出てきて、私の隣に横になった。私の胸は今にも破れてしまいそうなくらいドキドキしていた。彼の手が、優しく私の手を握りしめる。手がカーッと燃えるように熱くなってきて、その熱さが全身に伝わる。胸がドックンドックンと大きな音を立てていた。嬉しさと切なさと幸せとがごちゃまぜになったような感情が湧き上がってきて、頭がどうにかなってしまいそうになる。

私たちはしばらく無言で手を握り合っていた。

ミケルが小声で言う。

「僕も同じなんだよ」

ミケルがそう言って、私を静かに自分の胸の方に引き寄せた。彼の心臓は、私に負けないくらい、ドックンドックンと大きな音を立てている。寝袋のぬくもりではなく、彼の生身のぬくもりに触れているだけで、私は本当に幸せだった。

この安らぎに包まれてそのまま眠ってしまいたいのに、眠ってしまうのが惜しくて、私はなかなか眠ることができなかった。私はいつまでもいつまでもミケルの鼓動を聞いていた。

翌朝、私たち3人はザゴラのバス停で別れることになった。

塚田くんの乗るバスが一番に来て、私とミケルは塚田くんと固い握手を交わした。

「塚田くん、本当にいろいろありがとう！」

「また東京で会えるといいね」

見えない力でずっと私を守ってくれていた塚田くんの姿が、だんだん見えなくなっていく。カサブランカで待ち合わせている塚田くんと彼女の強い絆《きずな》が羨ましかった。ひとり旅が好きな者同士だというのに、彼らはこのモロッコを共に旅しようとしているのだ。

ミケルは、自分の目指そうとしている場所へ向かう乗り合いタクシーが来ても、私を見送るといって、一緒に私のバスが来るのを待ってくれていた。そうこうしているうちに私が乗ろうとしているワルザザート行きのバスがやってきたのだが、私もつい彼と別れがたくて、そのバスを見送ってしまった。そうやって私たちは何時間も、お互いのバスや乗り合いタクシーを見送り続けていた。

ミケルが決心したような顔で言う。

「てるこ、君の帰りの飛行機はパリ発なんだろう？　なら、スペインは通り道じゃないか。

だったら僕と一緒にスペインに来ないか？」

「本気で言ってるの⁉　だって、そんな……」

ミケルの顔は真剣そのもので、私は彼の言葉に心を揺り動かされずにはいられなかった。スペインも好きな国だし、バルセロナにだってもう一度行ってみたい。何よりも、バルセロナは彼が生まれ育った街なのだ。彼の故郷という目線であの街を見直せば、全然違った印象を受けるに違いなかった。

「でも、私がスペインにいる間、あなたの彼女はどうなるの？」

彼は深いため息をついた。

「なんとかごまかすしかないよ。とにかく僕は今、このまま君と離れてしまいたくないんだ。それは、君だって同じだろ？」

もちろん私も彼と離ればなれになるのは辛かった。もう二度と会えなくなるのかもしれないと思うと、今にも胸が張り裂けそうなのだ。

でも、ミケルがやろうとしていることをミケルの彼女が知ったら、どんな気持ちになるだろう。それに私だって、私が砂漠で出会った男と一緒にスペインに行ったことを恋人に知られたらと思うと胸が痛んだ。いや、知られるかどうかの問題じゃない。私にそんな迷いが出ていること自体、もうすでに彼を傷つけているのだ。自分が恋人に同じことをされたら、どれだけムカツくだろう。ムカツくどころじゃない。どれだけ悔しくて、どれだけ悲しい気持ちになるだろう。

自分が一番されたくないことは、人としてするべきではないんじゃないか!? 私は、自分がミケルの彼女だったらと思うと、どうしてもウンとは言えなかった。

ふと、私は瀬戸内寂聴《せとうちじゃくちょう》の話を思い出した。かつて主婦だった彼女は、夫以外に好きな人ができてしまい、ひとり娘を置いて駆け落ちをしたのだが、その時点では、彼女と駆け落ちした相手との間に肉体関係はなかったのだという。それでも、夫以外にここまで好きな人ができてしまった以上、もう夫のもとに戻ることはできないと思い、駆け落ちしたという話だった。

私には、そのときの彼女の気持ちが分かるような気がした。極限状態であろうとなんだろうと、他の相手にそこまで気が行ってしまう時点で、それ以前の関係は崩れてしまったようなものだ。もちろん、お互いの努力次第では修復も可能だろう。ミケルは何事もなかったようにうまくやるに違いない。でも、少なくとも私には無理だった。私が帰ってくるのを心待ちにしている彼に、いったいどんな顔で会えばいいというんだ!? 彼の知らないところで、他の男に対してこんなに激しい感情を抱いてしまったにもかかわらず、何事もなかったような顔はできない。私はもう、自分の恋人と別れるしかないような気さえした。

もう本当に、自分のことが分からない。どうしてこんなことになってしまっているんだろう。自分が自分ではなくなったような気がして、頭がおかしくなってしまいそうだった。みんなとここで別れてしまうのがいい。塚田くんともここで別れたのだ。ミケルともここで別れてしまおう。それが一番だ。そうするしかないんだ！

「ミケル、私だって辛いけど、ここで別れるのが、お互いにとってベストだよ」

彼とズルズル一緒にいても、ますます別れがたくなるだけだということは分かりきっている。私は、その人と同じ時間をすごしている時点で、一緒にいる未来が想像できないような男とは、これ以上時間を重ねたくなかった。

バスの発着所では、今まさに、ミケルが向かおうとしている街行きの乗り合いタクシーが出発しようとしていた。

「ミケル、あれに乗って」

私は身を切られるような思いで、彼を強引に乗り合いタクシーの前に引っぱっていった。ミケルは苦渋に満ちた顔になっていたが、私の決心は揺るがなかった。彼は車に乗り込む前に私を強く抱き寄せ、頬と頬を交互に寄せ合うキスをしてくれた。

「さよなら、ミケル」

「さよなら、てるこ」

ミケルの乗った乗り合いタクシーがだんだん小さくなっていく。

心にポッカリ穴が空いたような気がして、言いようのない寂しさが胸にこみ上げてきた。

砂漠の入り口の町にひとり残された私は、本当に独りぼっちになってしまった。

旅立ちの時

ひとりになると、急にまわりの風景が遠ざかったような気がした。バスターミナル周辺では、車のクラクションや人びとの話す声が絶えずしているというのに、自分がここにいるという確かな感じがしない。ときおり目の前の景色が、ボワッと霞んでいるように見えたり、ところどころが歪《ゆが》んで見えたりもした。

私は放心状態になり、何も考えることができなくなった。心ががらんどうで、何を見ても虚しかった。何を見ても哀しかった。吐く息はすべてため息になり、普通に呼吸することもできない。体にまったく力が入らなくて、生きながらにしてすでに死んでしまっているようだった。ミケルがもうここにはいないという事実で、胸が押し潰《つぶ》されそうになる。

すっかり抜け殻のようになった私は、フラフラとした足取りでバスターミナルの端っこに腰を下ろした。マラケシュまでの直行便はもうなく、ワルザザート行きの最終バスが来るのは夕方の5時だというから、あと3時間は待たなければならない。

何時間バスを待つことになろうと、どうでもいいし、なんでもよかった。ワルザザートに行こうがマラケシュに行こうが、ミケルがいないのであれば、なんの意味もない気がした。彼に会えないのであれば、この先誰に会っても仕方がないような気がした。別にどこにも行きたくなかったし、誰にも会いたくなかった。私がこの世で会いたいのはただひとり、ミケルだけだった。

しばらく時間がたつと、私は自分が自分ではなくなったような気がしてきて、不安で不安でたまらなくなった。旅先だろうが日常だろうが、これほど激しい感情を抱いたことはなかった。今、自分に起きていることが、本当に自分の身に起こった出来事だとは信じがたかった。まるで、誰かに自分の胸をブルドーザーで轢《ひ》かれてペチャンコにされてしまったようだ。

自分から別れを決めて、彼を無理矢理、車に乗せたというのに、私は深い後悔の念に襲われていた。あぁ、どうして素直にミケルについていかなかったんだろう！　先のことなんて、どうでもよかったではないか！　私はいつも自分の心に素直に生きてきたっていうのに！

いや、これでよかったんだ。いつかはこうなる運命だったんだ。彼とスペインに行ったところで、虚しくなるだけではないか。彼の生活を垣間《かいま》見て、一緒にパエリヤを食べて、それがいったいなんになる？　ああそれでも、せめて今日一日くらい一緒にいればよかった。並んで夕日を見たり、おいしいごはんを食べたりしたかった。あんなにも私を守ってくれた人が、まだ生きているというのに、もう二度と会えないだなんて！

私はふっと、私たちがバスを待っている間、自分のトレーナーを彼に数時間着せてあげていたことを思い出した。ミケルが宿で洗ったトレーナーが生乾きだったので、私は自分のトレーナーを脱いで彼に貸してあげたのだ。私も一枚しか持っていなかったけど、砂漠で彼がしてくれたことを思うと、自分のトレーナーを貸さずにはいられない気持ちになったのだ。

彼の匂いがわずかでも残っていればと思い、トレーナーの襟元を鼻まで引っ張り、匂いをかいでみる。ほんの少しだけど、ミケルの匂いがする！　目をつむり、私は必死になって彼の匂いをクンクンかぎまくった。彼の笑顔やしぐさ、大きな手、すっと伸びた背中の感じ、歩幅の大きい歩き方、そのすべてが懐かしくてたまらなかった。

あんまりいっぺんにかぐと彼の残り香がなくなってしまうような気がして、私は顔を上げ、まわりの風景をぼんやり眺めては、トレーナーの襟元を鼻先に近づけ、彼の匂いをかいだ。

バスターミナルは、バスが到着すると乗り降りする人でごった返し、バスが行ってしまうと人がまばらになるのを繰り返している。あとは常時、何台かのライトバンの乗り合いタクシーが客を待っていて、同じ方向に行く乗客が集まると、タクシーを出発させていた。乗り合いタクシーをしきるおっちゃんが、大声で行き先を叫んでいるのが聞こえてくる。

「ねえちゃん、どこまで行くつもりだい？」

その声に振り向くと、赤い毛糸の編み込み帽を被ったおっちゃんが、私の後ろに立っていた。人なつっこい顔で話しかけてくる彼の存在が、今の私にはうっとうしかった。誰とも話なんかしたくない気分だったからだ。だが、彼はいかにも人のよさそうな雰囲気の人だったので、無視することができなくなってしまった。

「えーと、私は、ワルザザートまで」

「そうかい。ワルザザート行きのバスが来るまでは、あと2時間はあるな」

どうやら彼も同じバスを待っている人らしい。

「ねえちゃん、そんなに臭いのが気になってんならさ、近くのハンマムでも行ってきたらどうだ？　なんならオレがあんたの荷物を見といてやるよ」

初め、おっちゃんが何を言っているのかまったく理解できなかった。しかし彼の話す片言の英語は私と同じレベルだし、翻訳を間違えているわけでもないのだ。

そうか、私がさっき自分のトレーナーを鼻まで引っ張り、何度も何度も苦しそうな顔でかいでいたのをおっちゃんは見ていたんだ。それでおっちゃんは、私が自分の体のあまりの臭さに参って苦しそうな顔になっていると思ったようなのだ。

「ハハッ！　ハハッ！　アッハッハッハ！」

私は思わず声をあげて笑ってしまった。なんだか無性におかしかった。私がセンチ気分たっぷりで別れた彼を想ってやっていたことが、人の目にそんなふうに映っていたとは。おっちゃんにしてみれば、私は相当、自分の臭さに参っているように見えたんだろうな。そう思うと、本当に滑稽だった。

おっちゃんは、自分がよかれと思ってかけた言葉に私がいきなり笑いだしたのを見て、ハトが豆鉄砲を食らったような顔になっている。私はもちろん、通りすがりの彼に私の長いストーリーを話して聞かせるつもりはなかったので、適当にごまかすことにした。

「えと、その、大丈夫。このくらいの臭さなら、なんとか耐えられるから！」

なんじゃそりゃ？　それじゃあ同じバスに乗る他の乗客はどうなるんだ⁉　と自分で自分の返しにツッコんでいると、いつもの自分を少しは取り戻せたような気がした。

「ねえちゃん、面白い人だな。オレはあんたが気に入ったよ。タバコでも吸うかい？」

おっちゃんが私の隣に腰を下ろし、ニコニコ顔でタバコを勧めてくる。ヘビースモーカー天国のモロッコでは、よくこんなふうに男たちからタバコを勧められるのだ。私はずっと「スモーカーじゃないから」と断ってきたのだが、こんなときだ、タバコを吸っちゃうのもいいかもな。

彼に火をつけてもらい、一服してみる。煙を吸い込んだ途端、私はゴホゴホとむせかえってしまった。苦くて渋くてヒドい味だ。舌を思いきり出し、涙を流しながら訴えた。

「ダメだよ、こりゃ吸えないわ～」

おっちゃんはその様子がおかしかったのか、腹を抱えて笑っている。

「ハッハッハ！　ねえちゃん、何も泣くことねぇじゃねぇか」

おっちゃんと話していると、滅入りまくっていた気持ちがちょっとずつ明るくなってくるような気がした。彼が私の腕をヒジでツンツンとつつき、目を輝かせながら言ってくる。

「ねえちゃんさ、やっぱカンフーできんのか？　な、できんだろ？」

またカンフーかぁ。おっちゃんと話すのは気が紛れていいけど、今はまだカンフーをやる気にはなれなかった。

だが、すでにおっちゃんはカンフーポーズを構えていて、「テヤー！」と足を高く蹴り上げている。やれやれ。私は重い腰を上げ、力なく「アチョ〜」と構え返した。私の身振りはやる気のカケラもないのだが、おっちゃんの張りあげる声やアクションはやたらとデカく、大道芸が始まったとでも思ったのか、人がわんさか集まりだした。

「いいぞー、ジャッキー！」

「行け行け、ジャッキー！」

子どもたちが大声で私を応援しだすではないか。気がつくと、いつのまにかバスを待つ乗客ら20人以上の見物人に囲まれてしまっている。

ここまで観客が集まってしまった以上、とりあえず形だけでもやるしかない。「やるしかない」って、それにしてもアタシ、いったい何者なんだろ……。イマイチ気合いの入っていなかった私は、油断しているうちに羽交い締めやプロレスの四の字固めまでかけられてしまい、数分にして「ギブ!! ギブ!!」と負けを認めさせられる有り様。まったく、失恋から2時間もたってないっていうのに、なんで私はこんな人だかりの中で首絞められて四の字固めまでされてんだ? 自分の運命が呪われているのか、それとも私の運命そのものがギャグなのか、私にはもう何がなんだかよく分からなかった。

そうこうしているうちに、ワルザザート行きのバスがやってきた。

おっちゃんとのカンフー&プロレスから解放されてホッとしていると、彼は得意満面で私に「ついてきな!」と言う。おっちゃんは「ハイハイ、ちょっとどいてね」とバスの前に並んでいた人たちを押しのけ、車内に一番乗りした。そして最前列のひとり用の座席を指さし、

「あそこに座んな」

と言ってくる。確かに一番前だと景色がいい。しかも、座席は他の席より少し高くなっていて、独立したような感じになっていた。私は礼を言い、言われるままにそこに座った。おっちゃんは私が席を確保したのを見届けると、どこかに行ってしまった。

その後、バスには人がわんさか乗り込んできて、すぐに満席になった。おっちゃんのおかげで席に座れて助かったと思っていると、満席になったバスに当のおっちゃんが余裕をかま

しながら乗り込んできた。席もないのにどうするつもり？　と一瞬思うが、おっちゃんはなんと私の目の前のドライバー席に座った。彼はこのバスの運転手だったのだ！

おっちゃんはさも嬉しそうに振り向いてきて、「これでアンタとず〜っと話ができるな！」などとのたまう。「話ができるな」って、ザゴラ〜ワルザザート間はアトラス山脈の真っただ中を4時間以上も走るハードな道のりなのだ。あの例の山道を運転しながら、おっちゃんは会話を楽しむつもりなのか!?

バスがメインロードを走りだした。おっちゃんはどデカいハンドルに左手を軽く置き、かなり離れたところにあるカセットテープ置き場を右手でまさぐっている。

「ねえちゃん、モロッコの音楽は好きかい？」

おっちゃんは前をまったく見ず、私の顔を見ながらテープの出し入れをしている。

「ウン、もう、好き好き、大好き！　だから、お願いだから、前向いて、前をっ!!」

私はもうヒヤヒヤだった。こんな調子で大丈夫なのか、このバス!?

「これは、オレのお気に入りのテープさ」

車内にガンガンの大音量で、おっちゃんのフェイバリット・ソングが流れだす。

外は日が暮れつつあり、薄暗くなっている。しばらくすると、本格的な山道になってきた。まわりに見えるのは、ヘッドライトでぼうっと浮かび上がっている山々だけだ。広大な岩山

ノリノリ・ドライバーのおっちゃん

を登る細い道には、ガードレールもなければ、街灯もない。

かなり急な山道に突入しているというのに、おっちゃんは平気で私に話しかけてくる。

「ねえちゃんよ、タバコの火、つけてくんないかなぁ」

おっちゃんがタバコをくわえ、自分のマッチを渡して言う。

「火？　あぁ、ハイ、ハイ」

おっちゃんが両手を離して自分で火をつけるのだけはカンベンしてほしかったから、私はもう彼の言いなりだった。だが、焦っているものだから、擦っても擦ってもマッチがつかない。なんせ私がマッチをつけようとしている間、彼はチラチラ前の様子をうかがいつつも、後ろを振り向きっぱなしなのだ。あぁ、もう！　私は彼が口にくわえているタバコを奪い取って自分の口にくわえ、マッチを擦って火をつけ、彼の口元まで持っていってあげた。

「サンキュー！　いや〜、ねえちゃんに火をつけてもらうと、タバコがまた美味いねぇ！」

すでに日は落ち、辺りは真っ暗になっている。ヘッドライトの頼りない明かりだけで、バスはブイブイ山道をブッ飛ばしていた。U字形の急カーブをいくつも曲がり、そのたびに右へ左への大揺れになる。下を見ると、そこかしこが断崖絶壁。どこにもガードレールのようなものは見あたらない。崖から転落していた車の残骸のことを思い出し、背筋がゾゾーッと寒くなる。

暗闇の中、細い山道を普通に走るだけでも恐ろしいのに、おっちゃんはそんなことはまったく気にせず、後ろを振り向いてもりもり話しかけてくる。

「モロッコは初めてかー？」

「砂漠はどうだった？」

「ラクダは乗ったか？」

「ねえちゃんはいくつだ？」

「学生か？」

「趣味はなんなんだ？」

趣味なんて別になんだっていいじゃん！　と言いたくなるのをグッと抑える。答えないことには、おっちゃんはいつまでも後ろを振り向きっぱなしになってしまうのだ。

車内は、もともと暖房がついていないのか壊れているのか、かなり寒いのだが、私は冷や汗をかきどおしだった。まわりを見渡してみると、夜のバスで電気もついていないせいか、乗客のほとんどはグッスリ寝入っている。乗客の8割がジュラバを着た男で、みな頭の先の尖《とが》ったフードを被っているものだから、車内は完全に〝ネズミ男たちと行くバスツアー〟みたいな雰囲気になってしまっている。こんな険しい山道を、こんなノリノリすぎるおっちゃんのバスで突っ走っているというのに、みんなよく軽々と命を預けて爆睡できるものだ。ネ

ネズミ男たちと行くバスツアー

ズミ男たちの頭は急カーブを曲がるたびにユラユラと同じ方向に揺れ、その光景がなんともかわいらしいのだが、悠長に後ろを見ている余裕は私にはなかった。

ドライバーのおっちゃんが陽気に振り返って言う。

「なんかさ、ギアのシフトレバーがブッ壊れちゃったみたいでよぉ、参っちゃったな〜」

車の免許を持ってないからよく分かんないけど、それが壊れてても運転って続行できるものなの⁉　おっちゃんが気軽に言ってくるひと言ひと言に、逐一動揺してしまう。

向こうから対向車がやってくるのが見える。グングンその距離を縮めている車は、どデカいトラックだ。こんな細い道ですれ違うつもり⁉　しかも、バスもトラックもいっこうにスピードを落とす気配はなく、猛スピードでブッ飛ばしている。他の乗客たちが寝てしまった今、こんな現場を目撃しているのは私とおっちゃんだけであり、私たちはまさに運命共同体だった。ヒィ〜ッ‼

トラックがバスと数センチぎりぎりのところで通りすぎ、安堵《あんど》のため息を漏らしたのもつかのま、今度は岩場にさしかかり、道に転がっている小石がパンパン飛び跳ねてフロントガラスを直撃しだしたからたまらない。

パーン、パパーン、パーン、パーン、パパーン、パーン。

まるで戦火の中を突き進んでいるかのような勢いで、小石が四方八方から飛んでくる。フロントに直撃した大きめの小石がガラスを突き破り、私目がけてブッ飛んできた。ギィエ～ッ！　小石が私の頬すれすれのところを通過していく。私はもうナイフ投げの的《まと》にでもなったような気分だった。頬が切れていないかを確認すると、よかった、切れてない。前を見ると、フロントガラスに銃撃を受けたようなひび割れが残っていて、ガラスの破片が辺り一面に飛び散っている。私はもうボー然となるのを通り越して、そのまま気を失いそうになってしまった。

ガラスの割れ目から寒風が吹き込んでくる中、おっちゃんが後ろを振り返り、のけぞりすぎてイスから落ちそうになっている私に声をかけてくる。

「大丈夫かー？　ケガ、なかったかぁ？」

おっちゃんはフロントガラスにヒビが入ろうがものともせず、大音量の音楽に合わせて体を揺らしている。

それにしてもモロッコに着いて以来、どうしてこうも次から次へといろんなことが降りかかってくるんだろう。もしかすると、すべての出来事を私自身が呼んでしまっているんだろうか……。

車窓から見える真っ暗な山道をぼんやり眺めていると、ここに来るまでに起こったいろいろなことが走馬灯のように蘇ってくる。

スペインにいたころのことが夢のようだ。高校の同級生だったスギやんと偶然出会って、毎日笑ってばかりの楽しい旅だった。高校時代は人生で一番苦しい時期だったから、初めはそのときの同級生と一緒に旅をしていることが不思議で仕方がなかった。なのに彼と旅を続けているうちに、高校時代はそれほど悪い時期でもなかったように思えてきたのだ。今振り返ってみると、スギやんと旅していた10日間は、高校時代のトラウマを癒すリハビリのような時間だったのかもしれない。

スギやんに借りたカメラをお守りにモロッコ行きのフェリーに乗り込んだ途端、リビドー攻撃の嵐だった。そこにちょうど塚田くんのような心根の優しい人が現れたものだから、私は一緒に旅立ってもらえるよう頼まずにはいられなくなった。実際、彼と行動を共にするようになって以来リビドー攻撃がピタリとやみ、彼が男であるというだけで、私は見えない力に守ってもらえることになった。そして、塚田くんから彼女の話を聞くにつれ、モロッコを一緒に旅しようとしている彼らの絆が羨ましくてたまらなくなった。私は心のどこかで、自分の恋人に対して「友だちとしての相性は良くても、恋人としての相性は良くないのかも……」と思うようになったのだ。

そんなふうに心に隙間風が吹きだしていたころ、砂漠行きのバスでミケルの登場だ。確かに、ミケルと出会うまでの私は、「砂漠でラクダに乗って夕日を眺めたい」なんていう、砂漠に行くなら誰もが思い浮かべるようなことをするつもりでいた。でも、砂漠の村へ向かう道中、あんまりガイドがしつこいから、「こんなオヤジに連れられて砂漠に行ってもなぁ……」と思い始めていた。中には感じのいいガイドもいたけど、先が見えてしまったような気持ちになったのは事実だ。

ミケルに「砂漠へ歩いて行こう！」と誘われたときは、不安でたまらなかったし、迷いに迷った。でも私には、彼との出会いが偶然ではないように思えた。もちろん出会ったときから カッコイイ人だとは思っていたけれど、正直、「あぁ、これで『シェルタリング・スカイ』のように砂漠をさまようことができるんだ！」と胸が躍った。ツアーで砂漠に行くことに物足りなさを感じていた私の前に突然姿を現した彼を、初めは神様のプレゼントか何かと思ったほどだった。彼から、ミケルという名前は〝天使〟を意味するのだと聞いてから、ますますその思いが強くなった。

砂漠を旅しながら、ミケルの生命力、野性のカン、並外れた行動力を見るにつけ、私は彼に惹かれずにはいられなくなった。それでも真っ暗闇の砂漠で、強風が吹きすさぶ寒さの中に身を置いたときには、そんな思いさえブッ飛んでしまった。砂漠なんか来なきゃよかった！　人間なんて所詮《しょせん》ひとりなんだ！　寒風と孤独の狭間で、私の心は叫び続けていた。そんな、極限の寒さの中で死にそうな思いをしていたとき、ミケルが自分の寝袋を譲ってくれてどれだけ有り難かったか！

　自分がどれほどちっぽけでもろい存在であるかを思い知らされた後、砂漠から帰ってきた私は、ミケルの前で自分の弱さからコンプレックスまですべてをさらけ出してしまった。他人の前で、あれほど自分の弱さを吐き出したことはなかった。今までずっとひた隠しにしてきた分、体の奥底に溜まっていたウミが噴き出すように、次から次へと苦しい思いがあふれ出た。モロッコに着いた途端、外国人かぶれの男たちに襲いかかってこられたこと、昔から自分のセクシャルな部分とうまく付き合えないこと、恋人のひと言に深く傷ついてしまったこと……。自分が女であるというやり切れなさに押し潰されそうになりながらも、私は自分が女でミケルが男であるということが、ただただ嬉しかった。今まで、恋人にさえむき出しにすることができなかった激しい感情を、彼は受け止めてくれたのだ。

　なんだか自分の心を誰かに読まれているような気がして仕方がなかった。振り返ってみると、自分がそのとき無意識のうちに考えたり悩んだりしていたことが、旅の中で現実となって降りかかってきたような気がしてならないのだ。

　この、私が今進んでいる道は、本当に自分自身が選択した結果なんだろうか？　それとも、これは誰かにもともと仕組まれていたシナリオなんだろうか？　だけど、誰かに仕組まれたって、いったい誰に？　そんなことができそうなのは、神だけではないか。でも、神様っていったい何？　人？　ブッダ？　キリスト？　アッラー？

どうしてこの国の人たちは、「神様はいる」と信じることができるんだろう。私は神の存在について考えずにはいられなかった。神様が「いる」とも思えず、かといって、「いない」とも言いきれない。なぜなら、私は神様を見たことがないのだ。

今までいろんな国で信仰に篤い人たちの姿を見てきて、私はいつも不思議でたまらなかった。彼らは私と同じ、悩みや苦しみのある人間のはずなのに、彼らの生きる姿勢には「自分は神を信じている」という確固とした核が感じられる。そこには確かに、宗教のもたらす安らぎがあった。信仰心があれば、私も何かを心から信じてさえいれば、こんなふうに自分の感情に振りまわされて四苦八苦することはないんだろうか……。

あぁ、〝確かなもの〟が欲しくてたまらない！　私は何を信じればいいんだろう。でも、いったい何を信じられるというんだ⁉　自分自身の感情でさえ、こんなにもめまぐるしく変化し続けているのだ。永久不変のものなんてこの世にあるんだろうか。環境や状況次第で、人はこうも、自分でも知りえなかった自分の新たな一面を引き出されてしまうのだ。

私は、自分自身のことさえ信じられなくなりそうだった。底のない寂しさに苛まれ、頭がどうにかなってしまいそうになる。

この旅に出る前、確かに私はモロッコをさまよいたいと思っていた。就職してしまった途端、自分が小さくまとまってしまうんじゃないかという恐れが、そんなふうに思わせたんだろう。私は何者でもない自分を感じながら、砂漠の国をさまよってみたくなったのだ。なんとか就職も決まって、恋人もできて、ぬるま湯のようなぬくぬくした生活の中で、私の心は叫んでいた。

この有り難みを忘れてしまわぬよう、誰も私のことを知らないところへ行って、本当の本当にさみしくなりたい！

そんな思いを抱いてやってきたモロッコで、私は、いつしか本当にこの国をさまようことになってしまった。暗闇の中を走り続けるバスに揺られていると、なんというか、時間の感覚をなくし、ここがどこなのかも分からないような錯覚に陥る。

さまようということは、こういう状況に置かれた自分に酔うなどという生易しいものではなかった。砂漠で強烈な体験をしてしまったせいで、私は自分の帰る場所さえ見失いそうになっているのだ。

私はもう、どこにも帰れない。みんな、私のもとから去っていってしまった。私はこのま、モロッコをひとりでさまよい続けるしかないんだろうか。

車窓から夜空を見上げると、満天の星が広がっていた。夜空いっぱいに輝く無数の星々の美しさが、今の私には痛かった。

あぁ、こんなきれいな夜空を、ミケルと一緒に見上げてみたかったな。私は、この空の下のどこかにいる、彼のことを想わずにはいられなかった。彼も今ごろ、この夜空を見上げているだろうか……。

こうやって、少しずつ、少しずつ、ミケルと一緒にすごした時間が遠ざかっていく。次から次へと新しい〝今〟が訪れて、そのときは〝今〟だと思っていた時間が、ところてん式に押し流されていってしまうのだ。

いつか、彼が私を忘れてしまうことが、私も彼を忘れていくであろうことが、私を狂おしいほど切ない気持ちにさせた。

ドライバーのおっちゃんは、相変わらずお気に入りの曲を陽気に口ずさんでいる。

そばにいるのがミケルだったらどれだけ幸せだっただろうと思うと、切なくてならなかった。私は人恋しくてたまらなかったから、ドライバーのおっちゃんに話しかけてもらえて嬉しかった。でも、当たり前のことだけど、彼はミケルではないのだ。ミケルがいなくなって空いた心の穴は、ミケルでしか埋められないのだということを痛感させられてしまう。

時間がたつにつれて、こうやって私の心に、さまざまな人が出入りするようになる。そして、心にポッカリ空いた穴が、いろんな人の足跡で何事もなかったように消えていくのを待つしかないいんだろう。今はそんな日が来ることさえ信じられないけど、そうなることさえ悲しくて仕方がないけど、〝日にち薬〟にかなうものはないのだ。

砂漠で本当にさまようことになって、夜なんか凍死するんじゃないかとすら思ったけれど、今もう一度、砂漠に行く前の時点に戻ったとしても、やっぱり私は同じ選択をして、ミケルを信じてついていくだろう。そして、砂漠での長くて寒い夜を越えて、やっぱり彼のことは忘れられない存在になるだろう。

私がこんなことになったのは、誰のせいでもないのだ。ただひとつ分かっているのは、自分の毎日のまなざしが、知らず知らずのうちに私にこういう道を歩ませたのだろうということ。


バスは、暗闇の中をうねるように走り続けている。

バスが急カーブを曲がるたびに、私の体はその揺れにまかせてゆらゆらと揺れている。この流れに抗《あらが》うことなどできないんだぞ、とでも言われているかのように。私はバスが進むがまま、ただ揺れ続けるばかりだ。

外の景色に目をやると、闇夜のせいで、窓に否応なく自分の顔が映る。子どものときから何万回も見てきた、私の顔。まだ何者でもなく、たぶんこれからも何者でもない、私の顔。私は、人と会っていないときの無表情な自分の顔を、眺めるでもなくぼんやり眺めた。これが、今の、22歳の私なんだな、と思いながら。

春から会社勤めをするようになったら、私はどう変わるんだろう。一度〝社会〟というものに飲み込まれたら、私は今の私ではなくなってしまうんだろうか。それとも、変わらずにいられるんだろうか……。

想像もつかない世界を想像しながら、私は、もうすぐそこまで迫った未来に思いを馳せた。

先のことは誰にも分からない。分かっているのは、私は一生、自分が自分であることから逃げることはできないということ。

ただ、この先どんなことが待ち受けていようと、自分の中に生まれるさまざまな感情を、そのときどきできちんと噛みしめたいとだけは思う。それが、どれだけ楽しくどれだけ苦しいことだとしても。

この大地に足をつけ、この目をしっかと見開いて、流れるままに進んでいこう。自分のことが分からないのであれば、分からないままに進めばいい。もしかしたら、自分のことなんて分かった気にならない方が幸せなのかもしれない。先のことが分からなければ分からないほど、私は自由でいられるから。

未来の私は、いつだって未知だ。

文庫本あとがき

砂漠から帰ってきた後も、私はひとり、モロッコを旅し続けました。

ミケルのことは相変わらず私の胸をギュッと締めつけていましたが、日に日にため息の数が減っていくのが分かりました。たぶん、旅した国がモロッコだったのがよかったのでしょう。なんせミケルの面影を探そうにも、まわりはヒゲ男やネズミ男だらけで、彼に似た人なんていないに等しかったのです。

ミケルのことを想おうにも、街を普通に歩いているだけで、毎日芋づる式に知り合いの数が増えていき、名前を覚えるのが追いつかないほど。イスラムの国では断食《ラマダーン》という、1カ月間、毎日、日の出から日没まで飲食を絶つ、1年の中で最大のイベントがあるのですが、いつのまにかその、断食月に突入していたのです。

うっかり日没直後に道を歩いていたりすると、それこそ「イフタール（その日の断食明けに食べる初めの食事）を食べていきな！」「ウチの母ちゃんのハリラ（豆のスープ）は美味いぞ！」とハリラのハシゴになってしまいます。陽気なモロッコの人たちと、摩訶不思議《まかふしぎ》で奥が深いラマダーンに、私はどれだけ救われたか分かりません。ラマダーンに巻き込まれたおかげで、ミケルのことを思い出さずに済んだし、現地の人たちに溶け込むことができたのです。

砂漠で起きたすべての出来事が、なんだか夢だったように思えることもありました。もちろん、砂漠の夜の凍てつくような寒さも、自分の中に湧き上がってきた激しい感情も、隅から隅までありありと思い出すことはできました。でも、あの時間を共有した人がそばにいないと、そのすべてが本当に起きたことではなかったような気がしてくるのでした。

そんなわけで、私がこの旅を終えるまでにあともうひと山、越えなければならない大きな山があります。興味を持ってくださった方は、この本の続編といえる『モロッコで断食《ラマダーン》』（幻冬舎文庫）を読んで頂ければと思います。

ちなみに、スギやんと塚田くんはすでに結婚し、昔と変わらずイイ感じの、心優しき三十男になっています。スギやんは相変わらず元気そのもので、大手保険会社でバリバリ働きつつ、〝幸せ太り〟街道（？）を驀進しているようです。当時付き合っていた彼女と一緒になった塚田くんは、ふたりのお子さんのパパになっていて、染色作家への道を歩んでいます。

それからこの本のタイトル、『サハラ砂漠の王子さま』は、大好きな『星の王子さま』（サン＝テグジュペリ著）にちなんで付けました。中に出てくる章タイトルも、私の好きな映画や本のタイトルにもじって付けたものがほとんどです。

「ドゥ・ザ・ライト・観光」はスパイク・リーの名作『ドゥ・ザ・ライト・シング』から、「素晴らしき哉《かな》、誕生日！」は、『素晴らしき哉、人生！』から、「女はつらいよ」は大好きな寅さんの『男はつらいよ』から、「リビドー・ウォーズ」は私が人生で初めて映画館で見た映画『スター・ウォーズ』から、「七カ月目の浮気」は、名匠ビリー・ワイルダーの『七年目の浮気』から、「砂漠からの帰還」は『宇宙からの帰還』から。もし機会があれば、見たり読んだりしてみてください。

では、またお会いできますよう！

2004年　1月15日　　たかのてるこ

この作品は二〇〇二年四月小社より刊行された『モロッコで断食（上・下）』を改題し、主に上巻を再構成したものです。

幻冬舎文庫

●好評既刊
冒険女王
女ひとり旅、乞食列車一万二千キロ！
大高未貴

周囲の反対をヨソに決行した国際列車を乗り継ぐ、二十代最後の女ひとり旅。驚きの文化とほのかな愛情で、無謀が感動に変わる〈北京発イスタンブール行き〉一万二千キロのがむしゃら紀行。

●好評既刊
スローな旅にしてくれ
蔵前仁一

旅はスローでリラックスが肝心。アジア・アフリカ・ヨーロッパ……、世界を巡って〝沈没〟先で出会った愉快な人々、トホホな事件の数々。しんどいこともあるけれど、やっぱり旅はやめられない。

●好評既刊
いつも旅のことばかり考えていた
蔵前仁一

500倍の料金をふっかけ、ニセの耳アカを見せて、耳掃除を強要する男。巨大な木製タンス状のコピー機。便器用の水で作られるコーヒー……。一体、どういうこと？　旅したくなる絶品随筆!!

●好評既刊
世界最低最悪の旅
蔵前仁一編

詐欺に脅しに痴漢、無知が招いたとんでもない大失敗。日本人旅行者が体験した驚天動地のとんだ災難、トホホな事件の数々を「旅行人」編集長が厳選。旅人の事実は小説よりも悲惨だった！

●好評既刊
人生を変える旅
蔵前仁一編

旅は自分の物の見方や価値観を間違いなく変える。それは人生が変わってしまうことと同じだ。未知の国々を旅すると起こる驚異的出来事を雑誌「旅行人」編集長が厳選、解説する。

サハラ砂漠《さばく》の王子《おうじ》さま

たかのてるこ

平成16年2月10日　初版発行
平成20年7月25日　8版発行

発行者——見城徹
発行所——株式会社幻冬舎
〒151-0051東京都渋谷区千駄ヶ谷4-9-7
電話　03(5411)6222(営業)
03(5411)6211(編集)
振替00120-8-767643

印刷・製本—図書印刷株式会社
装丁者——高橋雅之

幻冬舎文庫

ISBN4-344-40485-8　C0195　た-16-2